ROOM

測って描いた
インテリアデザイナーの部屋72

IKKEN SPACE DESIGN 著

学芸出版社

はじめに

この本のスケッチは、55人のインテリアデザイナーが同僚の部屋を実際に訪ね、測って描いたものです。もともとは、若手の表現力トレーニングを兼ねて始めた社内報「NSD＋」での企画でしたが、スケール感の習得やレイアウトの把握だけが目的ではなく、先輩やその家族と接し、日常の中で、住む人が何を大切にしているか、こだわりがどこに表れているかを、会話しながら探り当てることも期待していました。

それは形として目に見えるものだけではなく、同僚をもてなす行為や料理を準備してくれた時間、共に働いた記憶の中にあるものかも知れません。先輩達の日常のこだわりが、デザイナーとしての人格や哲学にどう結びついているかを考える機会にもなります。そして、そこから得られる気づきが「発想力の源」として培われるのです。

あらためてスケッチを見返すと、結婚したり引っ越ししたり、家族の状況や人生のステージにあわせて住まい方を更新していく様子が見て取れ、デザイナーたちの住まい手としての成長も強く感じます。

スケッチは上手さより、たとえ不器用であっても、自身の発想をいかに訴えられるかが大切です。テクニックを習得すれば上手くはなりますが、創造力や発想力の表現手段とは別ものです。著名デザイナーや有名建築家のスケッチに共通していることは、独特な味わいと深みがあって、見る人の心に強く刻まれることです。その域に達することが一流デザイナーの証とも言えるでしょう。

本書でも、特別な何かを発見した訪問者のスケッチ画には、一際力の込められた表現がどこかにきっと隠されているはずです。読者の皆さんも、楽しみながら一緒に探してみませんか？

株式会社日建スペースデザイン
代表取締役社長　大久保 豊

手で測って描くことのススメ

デザイナーとは、鋭い感覚で時代や社会をリードする人たちのひとり。感動をつくり出すには「まず手で考える」ことが大切です。

だから本書のように、仲間が縮尺50分の1でお互いの部屋を描き合うことや、また描かれたものをみんなで見て「ふーん」と思う機会は貴重です。仲間の部屋と比べて「これでも意外に広いんだ」とか「ここは狭いけどもっと工夫ができるな」「あの人のこだわりはここにあるのか」などと思うことは、スケール感が磨かれて仕事に役立つばかりでなく、同僚や先輩たちの生活ぶりをのぞき見ることにもなるからです。

インテリアデザインとは内装や家具ばかりではなく、すべての環境を考えることです。デスクの上の器物や建物の外観、街のつくりやファッションも、私たちは区別なくその中にいて、そんな世界をトータルに提案しなければなりません。描くことでそれがわかります。

私自身、国内外で泊まったホテルのゲストルームをメジャーで実測し、レターペーパーに手描きして着色するという変わった趣味を40年も続けていて、いまや相当な数になります（詳しくは『測って描く旅』（彰国社）または『旅はゲストルーム』（光文社・知恵の森文庫）をご参照ください）。

ホテルと住宅は大きく異なりますが、どちらもヒューマンスケールが最大の拠り所となっている点は共通しています。

仕事の図面はCADでなければもはや通用しませんが、手描きのスケッチはその何倍もの情報量に溢れています。

とても恥ずかしいのですが最近「ウラカズヤごっこ」なる遊びがあると聞きました。自分の部屋や家具や備品をメジャーで実測して手で描くことのようです。

遊びはともかく、測って描きましょう！

自分や友人の部屋を手で測り描くことで共通するもの、相違点などを発見し、そこから新たな創造の端緒を見出せるようになります。

浦一也デザイン研究室
浦 一也（元日建スペースデザイン代表）

INDEX

目次

はじめに 2
手で測って描くことのススメ 3

1人暮らし　Room for One

#01 偏愛的趣味の部屋 8
#02 好きが凝縮された部屋 10
#03 エスニックな部屋 12
#04 ナチュラルーム 14
#05 DIYルーム 16
#06 置きものたちと暮らす部屋 18
#07 ほぼバルコニー 20
#08 ええかんじの部屋 22
#09 吹き抜けブロックルーム 24
#10 趣味を愛する秘密基地 26
#11 ミニマリストのメゾネット 28
#12 読書家の住処 30
#13 ビッキーの男の部屋 32
#14 単身赴任の部屋 34
#15 サボテンと暮らす部屋 36
#16 音人の住処 38
#17 「マフィア」の住処 40
#18 ミニマルシェアハウス 42
#19 スパイスの効いた北欧家具の部屋 44
#20 シェフ's ルーム 46
#21 THE・女子の部屋 48
#22 料理系男子の住処 50
#23 音人の住処2 52
#24 細ながーい部屋 54
#25 ギタリストの住処 56

#26　愛しい家具に囲まれた家 —— 58
#27　青いラグの部屋 —— 60
#28　イケてるプリンスキャッスル —— 62
#29　和室とテラスがある家 —— 64
#30　こだわり屋の部屋 —— 66
#31　都心の景色と暮らす部屋 —— 68
#32　はじまりの住処 —— 70

DESIGNER'S CHOICE：椅子編 —— 72

2人暮らし　Room for Two

#33　アウトドア夫婦の住処 —— 74
#34　湘南ベース —— 76
#35　愛猫家のダンディハウス —— 78
#36　チェアコレクターハウス —— 80
#37　北欧家具と愛犬ジジの家 —— 82
#38　スカイツリーが見える部屋 —— 84
#39　酒蔵の家 —— 86
#40　ひとつなぎのワンルーム —— 88
#41　心地よいこだわりの部屋 —— 90
#42　TATAMIのある部屋 —— 92
#43　太陽の塔が見える部屋 —— 94
#44　偏愛的趣味の部屋2 —— 96
#45　いい夫婦の部屋 —— 98
#46　嗜好の住処 —— 100
#47　毎日温泉に入れる家 —— 102
#48　スキップフロアの家 —— 104
#49　坪庭とガレージのある住処 —— 106
#50　天窓から空が見える家 —— 108

#51 スパイス香るヴィンテージハウス 110
#52 運河を臨むリノベルーム 112
#53 彫刻家とデザイナーの住処 114

DESIGNER'S CHOICE : 照明編 116

3人以上の暮らし Room for Three and More

#54 京の家 118
#55 緑あふれる家族の拠所 120
#56 5人と2匹の憩いの住処 122
#57 ホワイトハウス 124
#58 丁寧な暮らしの部屋 126
#59 スイートなホーム 128
#60 狭小敷地の積層の家 130
#61 白とRANCHUの家 132
#62 カフェのある家 134
#63 高台のテラス 136
#64 テラスに挟まれた部屋 138
#65 趣味没頭 実家部屋 140
#66 和洋混沌ルーム 142
#67 ゾウさんとキリンさんとミツさんの家 144
#68 超建築家的住処 146
#69 スカイツリーが見える部屋2 148
#70 特大リビングハウス 150
#71 自然を楽しむ大きな窓の家 152
#72 紫の住処 154

DESIGNER'S CHOICE : ツール編 156
小宇宙を測って描く ご自宅訪問&実測ドキュメント 157

おわりに 158

1人暮らし

Room for One

偏愛的趣味の部屋

＃01

1 マイルームのこだわりポイントは？
メゾネットで天井が高いので、空気感が気持ちがよい。

2 お気に入りのアイテムは？
でかいデスク。とにかく作業がしやすいので。

3 お気に入りの場所は？
天井から床までの窓の近くは開放感があってお気に入り。

4 家での過ごし方は？（平日編）
VTR録画してあるものを観ている。

5 家での過ごし方は？（休日編）
ゲーム玩具で楽しむ。「囲碁」「野球盤」「サッカー盤」「バックギャモン」「ボウリング」など。

6 マイルームのウィークポイントは？
上階の子供が階段を駆け上がる足音が時々響くこと。

7 部屋選び・家づくりのマイルールは？
空間がシンプルなこと。機能的なこと。

8 次住むならどんな家？
箱のような形で、とにかくシンプルで必要なもの以外何もない空間が理想。たぶん汚すと思うが…。

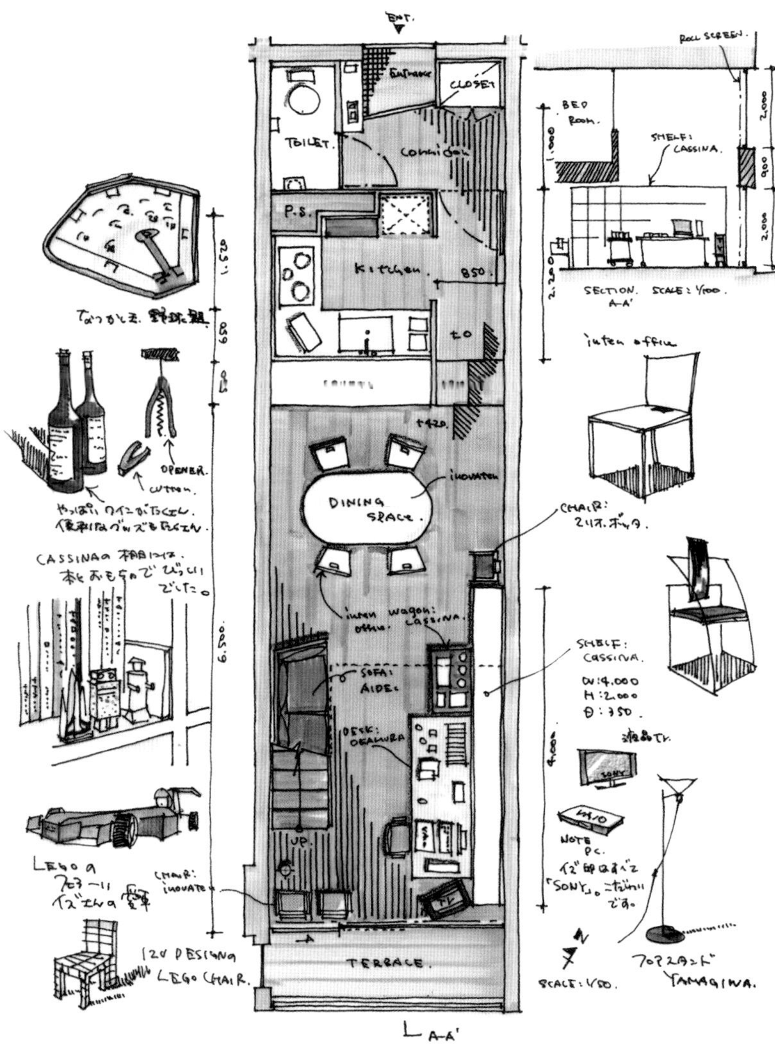
ENT.
CLOSET
TOILET.
P.S.
kitchen
850.
DINING SPACE.
CHAIR: INOVATE
SOFA: AIDE.
DESK: OKAMURA
UP.
TERRACE.
A-A'
ROLL SCREEN.
BED Room.
SHELF: CASSINA.
SECTION. SCALE: 1/100.
A-A'
SHELF: CASSINA.
W: 4,000
H: 2,000
D: 350.
NOTE P.C.
「SONY」
SCALE: 1/50.
YAMAGIWA.
OPENER.
LEGO CHAIR.

好きが凝縮された部屋 #02

Room for One

1 **マイルームのこだわりポイントは？**
狭いので、できるだけ最小限の物しか置かない。

2 **お気に入りのアイテムは？**
ぐんぐん育つモンステラ。

3 **お気に入りの場所は？**
植物や雑貨が適当に飾ってあるローシェルフ。

4 **家での過ごし方は？（平日編）**
お風呂に浸かって寝るだけ。

5 **家での過ごし方は？（休日編）**
昼からお酒を飲みながら、アニメ鑑賞。

6 **マイルームのウィークポイントは？**
狭い！窓外に他のアパートが隣接しているため、
カーテンもあまり開けられない。

7 **部屋選び・家づくりのマイルールは？**
日当たりの良さが必須条件。

8 **次住むならどんな家？**
広い家。

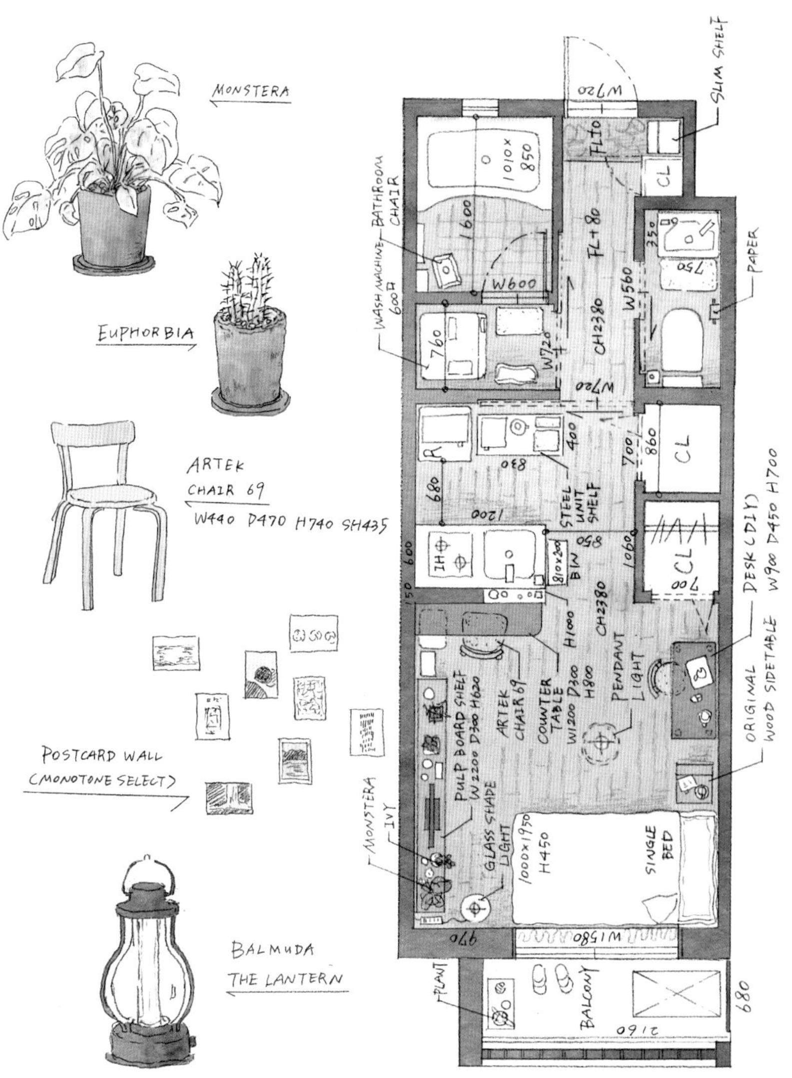
MONSTERA
EUPHORBIA
ARTEK
CHAIR 69
W440 D470 H740 SH435
POSTCARD WALL
(MONOTONE SELECT)
BALMUDA
THE LANTERN
SLIM SHELF
W720
FL+10
CL
PAPER
W560
FL+80
CH2380
1010×850
W600
BATHROOM CHAIR
WASH MACHINE 600□
STEEL UNIT SHELF
810×200 BIN
DESK (DIY) W900 D450 H700
ORIGINAL WOOD SIDETABLE
PENDANT LIGHT
H1000
COUNTER TABLE W1200 D300 H800
ARTEK CHAIR 69
PULP BOARD SHELF W2200 D300 H620
GLASS SHADE LIGHT
IVY
MONSTERA
1000×1950 H450
SINGLE BED
W1580
BALCONY
PLANT

エスニックな部屋

03

Room for One

1 **マイルームのこだわりポイントは？**

抜け感がなくなり部屋がせまく見えるので、
いわゆるカーテンを吊らない！

2 **お気に入りのアイテムは？**

何回もの引っ越しを共にしてきた重い大きなミラー。

3 **お気に入りの場所は？**

窓際の椅子。春は横の公園の桜が見下ろせるし、
夜は向こうに大阪の夜景が見えるし、日曜日は横
のグランドのゲートボールを観戦できる素敵な場所。

4 **家での過ごし方は？（平日編）**

夜に窓を全開にして外を眺める（桜の季節最高）。

5 **家での過ごし方は？（休日編）**

だらだら。スイッチ入ると布団の洗濯。

6 **マイルームのウィークポイントは？**

冬寒すぎること。我が家は帰ったらまず
ダウンジャケットを着る習慣があります。

7 **部屋選び・家づくりのマイルールは？**

窓からの抜け感。

8 **次住むならどんな家？**

土足でガシガシ使える家。

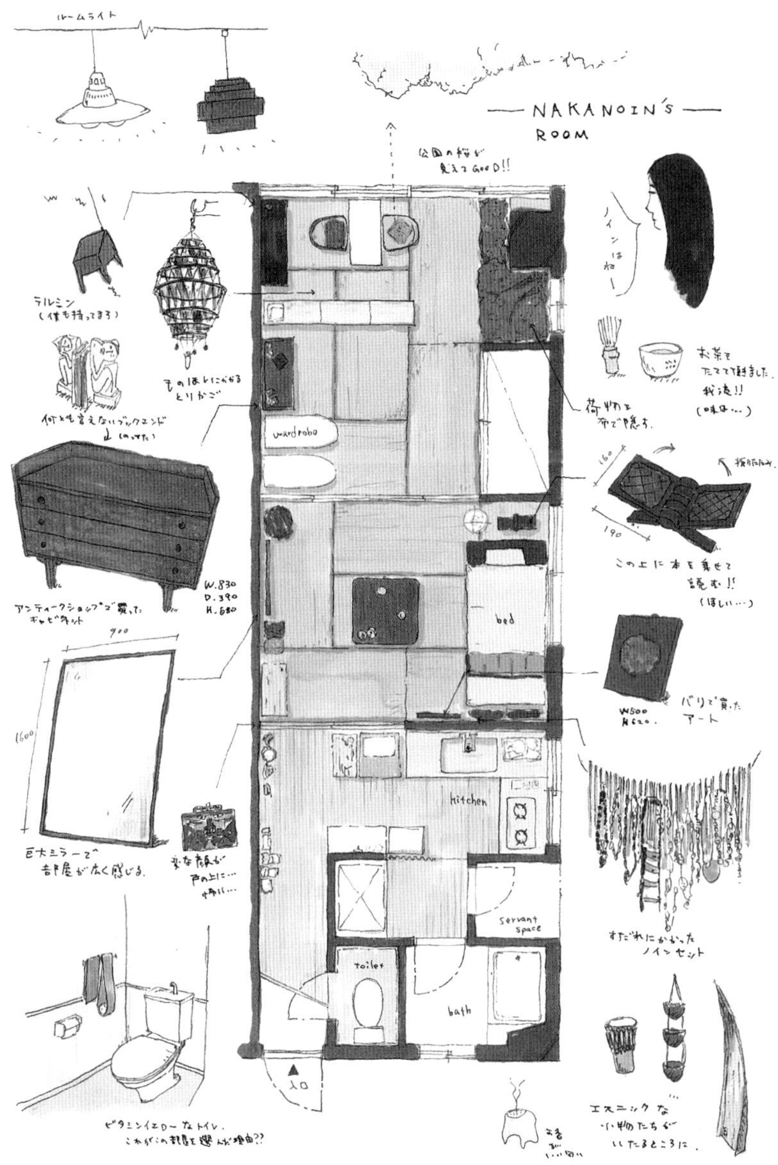

ルームライト
— NAKANOIN'S —
ROOM
公園の桜が見えてGOOD!!
ノインはね〜
テルミン
（僕も持ってます）
ものほしにかかるとりかご
何とも言えないブックエンド
wardrobe
お茶をたてて頂きました。
我流!!
（味は…）
荷物を布で隠す。
160
190
折りたたみ
この上に本を乗せて読む!!
（ほしい…）
アンティークショップで買ったキャビネット
W.830
D.390
H.680
900
1600
bed
W500
H620.
バリで買ったアート
kitchen
巨大ミラーで部屋が広く感じる。
変な顔が戸の上に…
怖い…
servant space
すだれにかかったノインセット
toilet
bath
入口
ビタミンイエローなトイレ。
これがこの部屋を選んだ理由??
エスニックな小物たちがいたるところに。

ナチュラルルーム

04

Room for One

1 マイルームのこだわりポイントは？

狭くてもソファを置く。

2 お気に入りのアイテムは？

ソファ。

3 お気に入りの場所は？

ソファの上。風が通りぬけるので気持ち良いです。

4 家での過ごし方は？（平日編）

だらだら過ごしている。

5 家での過ごし方は？（休日編）

さらにだらだら過ごしている。

6 マイルームのウィークポイントは？

キッチンのシンクの幅が300mmと
極小なこと。大きい鍋が洗えません。

7 部屋選び・家づくりのマイルールは？

日当たりの良さ。

8 次住むならどんな家？

薪ストーブがあって景色が良い、猫が飼える広い平屋。

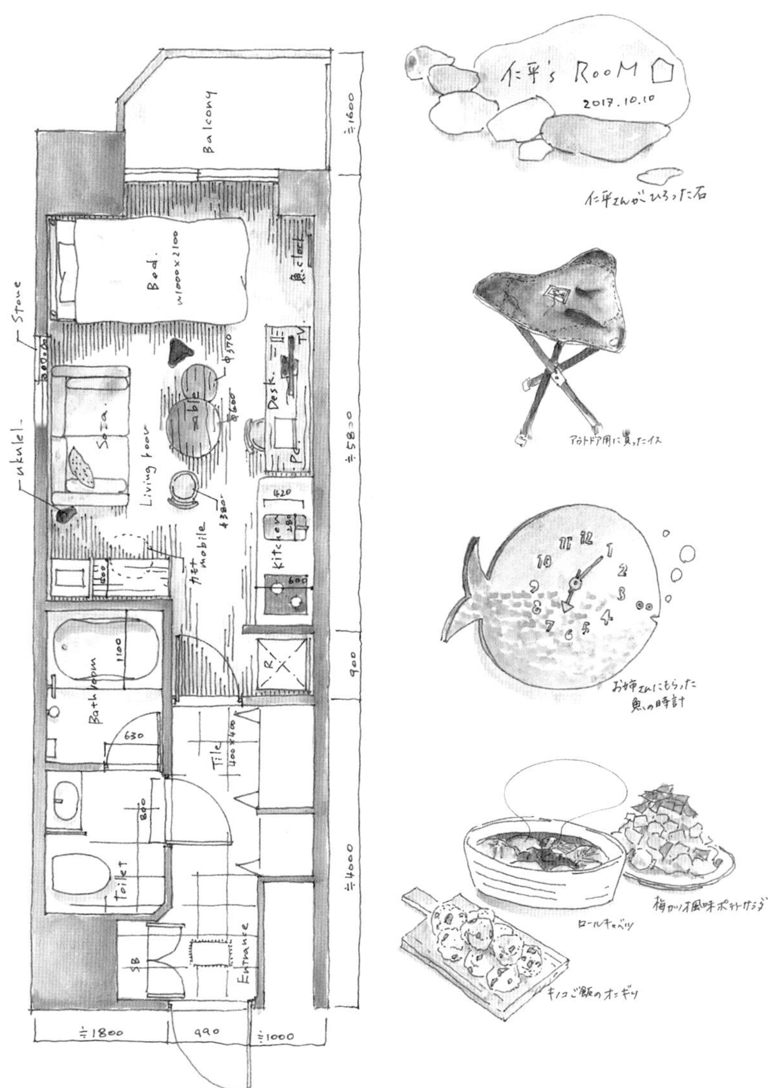
仁平's RooM
2017.10.10
仁平さんがひろった石
アウトドア用に買ったイス
お姉さんにもらった
魚の時計
ロールキャベツ
梅かつお風味ポテトサラダ
キノコご飯のオニギリ
Balcony
Bed.
W1000×2100
魚.clock
Stone
Sofa.
Living Room
ukulele
Desk.
TV
PC.
kitchen
mobile
Bathroom
Tile
400×400
toilet
SB
Entrance
≒1800
990
≒1000
≒1600
≒5800
900
≒4000

DIYルーム

#05

1 マイルームのこだわりポイントは？

窓が大きく日当たりが良く、ベランダが広いこと。

2 お気に入りのアイテムは？

二重サッシ。外の騒音と光熱費の出費が軽減される。

3 お気に入りの場所は？

リビング。窓が大きく日当たりが良いので観葉植物がよく成長するし、ソファでリラックスできる。

4 家での過ごし方は？（平日編）

在宅勤務以外の時間はほとんどリビングのソファでくつろいでいる。

5 家での過ごし方は？（休日編）

植物の手入れ。

6 マイルームのウィークポイントは？

廊下に段差があること。

7 部屋選び・家づくりのマイルールは？

周りの環境、交通の利便性。商店街が近くにあるので、買い物と飲食店には困らない。

8 次住むならどんな家？

庭付きの家。

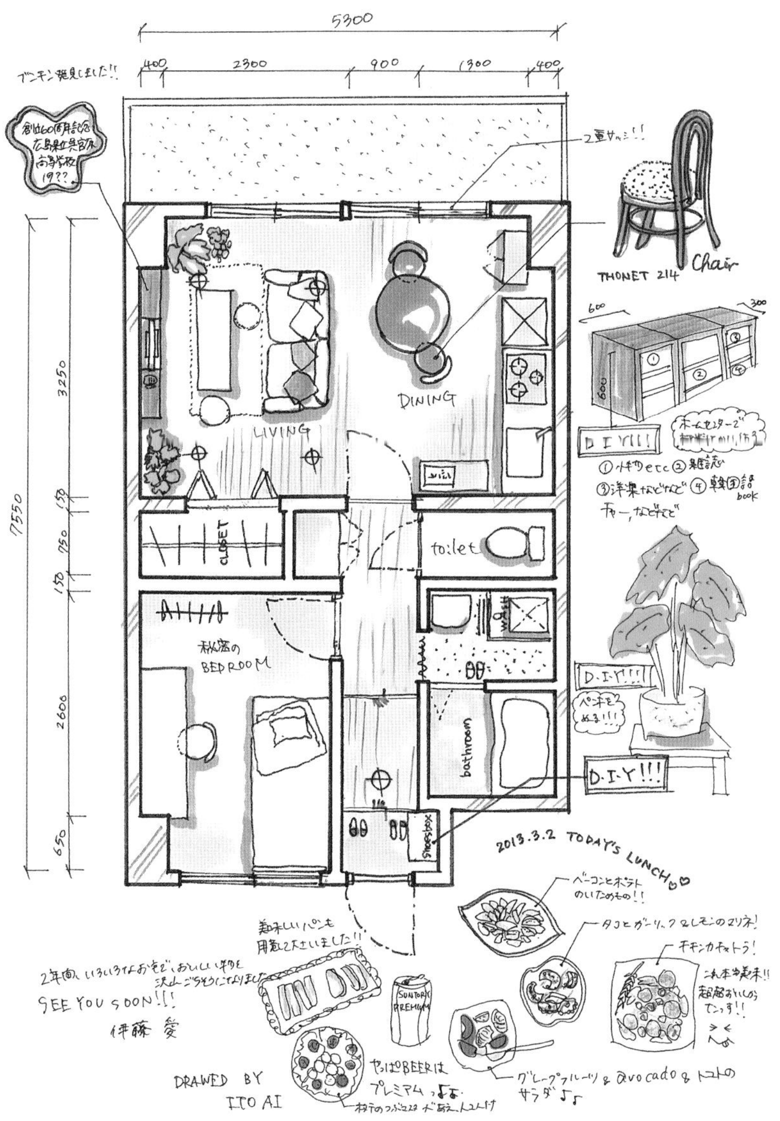

5300
400
2300
900
1300
400
2重サッシ!!
THONET 214
Chair
600
300
600
D.I.Y!!!
① 小物etc ② 雑誌
③ 洋楽などなど ④ 韓国語book
D.I.Y!!!
ペンキを塗る!!!
D.I.Y!!!
LIVING
DINING
CLOSET
toilet
秘密の
BEDROOM
bathroom
shoes box
7550
3250
150
750
150
2600
650
2013.3.2 TODAY'S LUNCH
ベーコンとポテトのいためもの!!
タコとガーリック&レモンのマリネ!
チキンカチャトラ!
これ本当美味!!
グレープフルーツ & avocado & トマトのサラダ
美味しいパンも用意して下さいました!!
SUNTORY PREMIUM
やっぱBEERは
プレミアムっしょ
2年間、いろいろなお宅で、おいしい物を
沢山ごちそうになりました
SEE YOU SOON!!!
伊藤 愛
DRAWED BY
ITO AI

置きものたちと暮らす部屋

1 マイルームのこだわりポイントは？

あまりないのでこだわりたいなあと思っているところです。

2 お気に入りのアイテムは？

ちょっとした置きものたち。

3 お気に入りの場所は？

ベランダ。部屋の前は建物がなく、少し開けているので気に入っています。

4 家での過ごし方は？（平日編）

寝てます。

5 家での過ごし方は？（休日編）

ぐっすり寝てます。

6 マイルームのウィークポイントは？

照明のリモコンがないこと。

7 部屋選び・家づくりのマイルールは？

カーテンを開けてても気にならないこと。
ちゃんと空が見えて太陽光が入ること！

8 次住むならどんな家？

ひろーいワンルームに住みたいです。

Miyu's ROOM

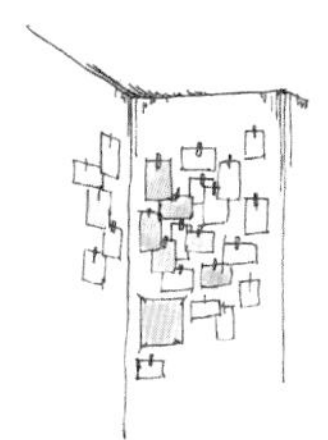
いつのまにか
あつまっていた
ポストカードたち

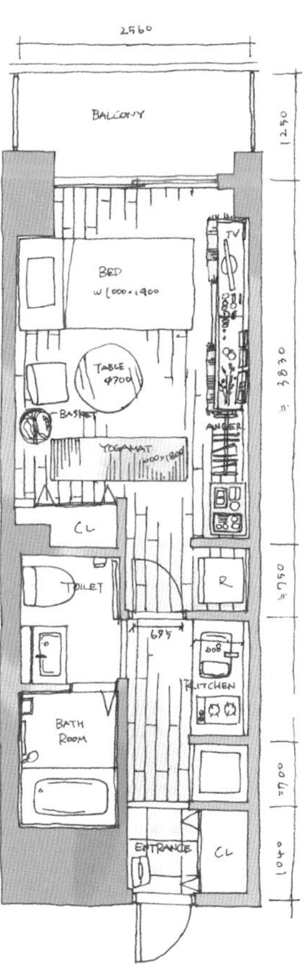
2560
BALCONY
1250
TV
BED
W1000×1900
TABLE
φ700
BASKET
YOGAMAT
1000×1800
HANGER
3830
CL
TOILET
R
1750
695
608
KITCHEN
BATH ROOM
1700
ENTRANCE
CL
1040

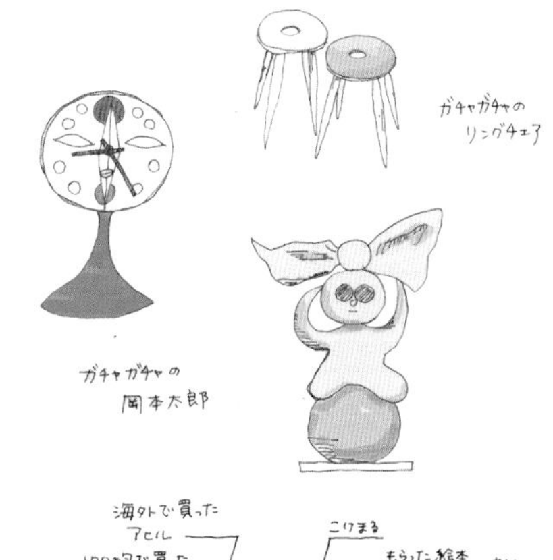
ガチャガチャの
リングチェア
ガチャガチャの
岡本太郎

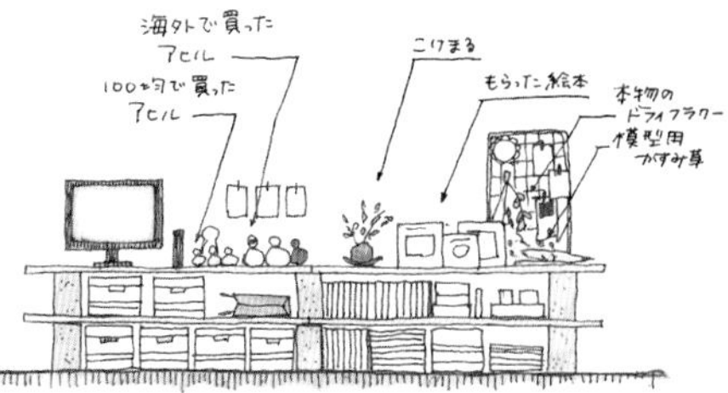
海外で買った
アヒル
100均で買った
アヒル
こけまる
もらった絵本
本物の
ドライフラワー
模型用
かすみ草

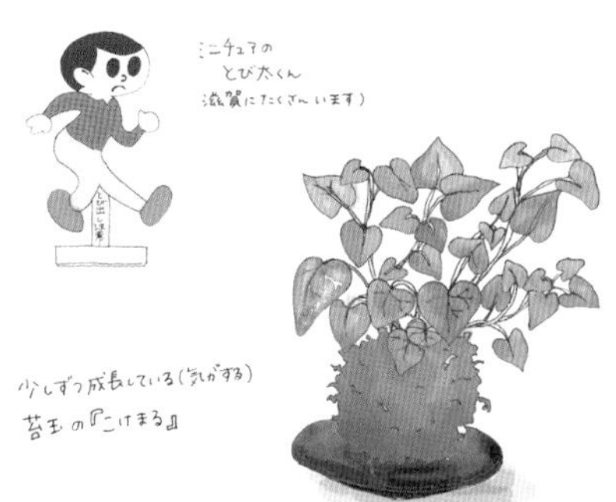
ミニチュアの
とび太くん
(滋賀にたくさんいます)
少しずつ成長している(気がする)
苔玉の『こけまる』

ほぼバルコニー

\# 07

1 マイルームのこだわりポイントは？
ルーフトップバルコニーの植物たち。

2 お気に入りのアイテムは？
ヴィンテージ照明。

3 お気に入りの場所は？
ルーフトップバルコニー。

4 家での過ごし方は？（平日編）
ルーフトップバルコニーで仕事。

5 家での過ごし方は？（休日編）
ルーフトップバルコニーでビール。

6 マイルームのウィークポイントは？
屋内が狭い点。

7 部屋選び・家づくりのマイルールは？
屋外空間の有無、採光。

8 次住むならどんな家？
やはりルーフトップバルコニーのある家。

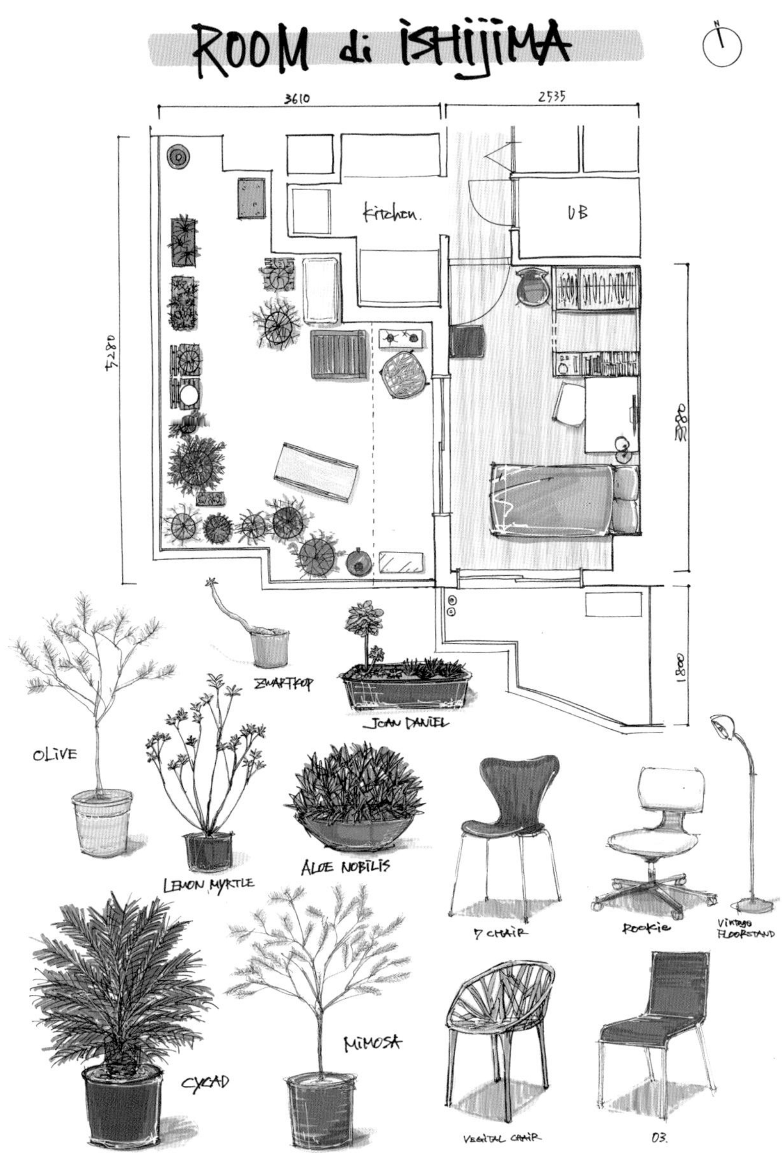
ROOM di ISHIJIMA
N
3610
2535
5280
kitchen.
UB
3380
1800
ZWARTKOP
JOAN DANIEL
OLIVE
LEMON MYRTLE
ALOE NOBILIS
7 CHAIR
ROOKIE
Vintage FLOORSTAND
CYCAD
MIMOSA
VEGITAL CHAIR
03.

ええかんじの部屋

1 **マイルームのこだわりポイントは？**
馬脚（うまあし）と長い天板。

2 **お気に入りのアイテムは？**
セルジュ・ムーユのスタンドライト。

3 **お気に入りの場所は？**
ソファの上。

4 **家での過ごし方は？（平日編）**
ソファで寝てます。

5 **家での過ごし方は？（休日編）**
ソファで寝てます。

6 **マイルームのウィークポイントは？**
日差しが強すぎること。

7 **部屋選び・家づくりのマイルールは？**
日当たりの良い部屋であること。

8 **次住むならどんな家？**
窓の外に緑があふれる家。

SATOTEI

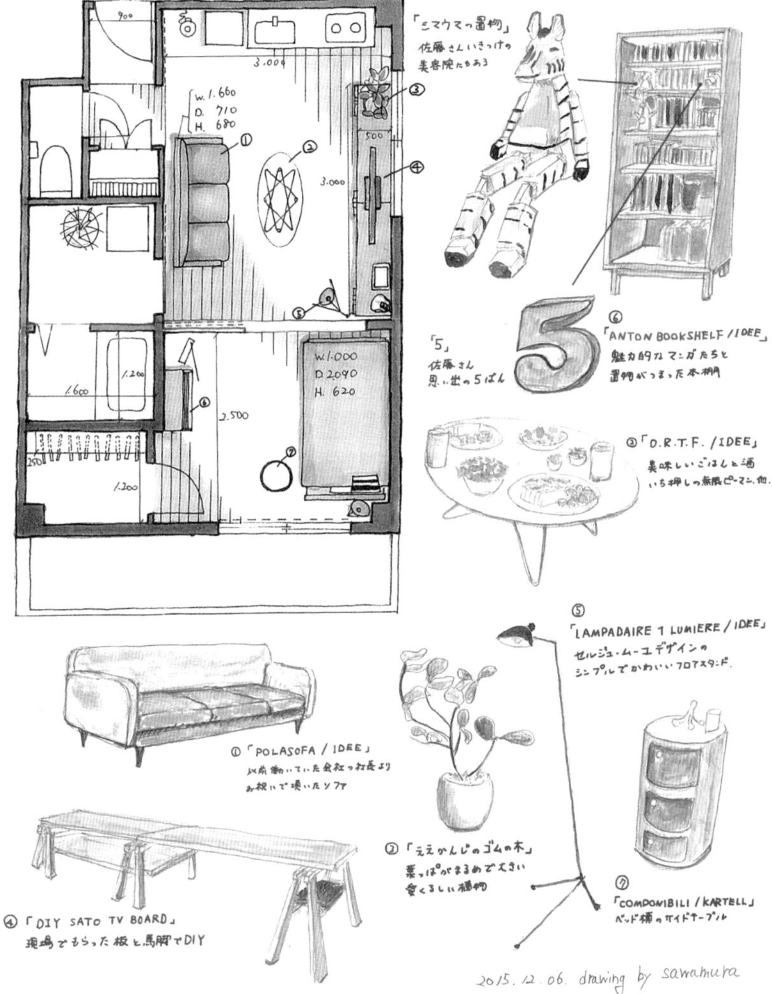

W. 1.660
D. 710
H. 680
3.000
500
W. 1.000
D. 2.090
H. 620
2.500
1.600
1.200
900
「シマウマの置物」
佐藤さんいきつけの美容院にもある
⑥「ANTON BOOKSHELF / IDEE」
魅力的なマンガたちと置物がつまった本棚
「5」
佐藤さん 思い出の5ばん
②「D.R.T.F. / IDEE」
美味しいごはんと酒 いち押しの無限ピーマン他.
⑤「LAMPADAIRE 1 LUMIERE / IDEE」
セルジュ・ムーユデザインの シンプルでかわいいフロアスタンド.
①「POLASOFA / IDEE」
以前働いていた会社の社長より お祝いで頂いたソファ
③「ええかんじのゴムの木」
葉っぱがまるめで大きい 愛くるしい植物
⑦「COMPONIBILI / KARTELL」
ベッド横のサイドテーブル
④「DIY SATO TV BOARD」
現場でもらった板と馬脚でDIY
2015. 12. 06. drawing by sawamura

吹き抜けブロックルーム

1 マイルームのこだわりポイントは？
部屋のカラースキームを白で統一。

2 お気に入りのアイテムは？
天井に届く白いグリッド棚。

3 お気に入りの場所は？
天井高約5mの吹き抜け。ハイサイドライトから月や星が見える。

4 家での過ごし方は？（平日編）
帰宅が遅いので、ほぼ寝るだけ。

5 家での過ごし方は？（休日編）
同じ共同住宅に住む友人たちと集まって料理しながら賑やかに過ごす。

6 マイルームのウィークポイントは？
冬の寒さ。特に張り出し部が床から冷えてくる（夏は涼しい）。

7 部屋選び・家づくりのマイルールは？
その時の自分の望む生活にあった間取り。天井が高いこと。

8 次住むならどんな家？
ミニマル生活は満喫したので、豊かな間取りの家。

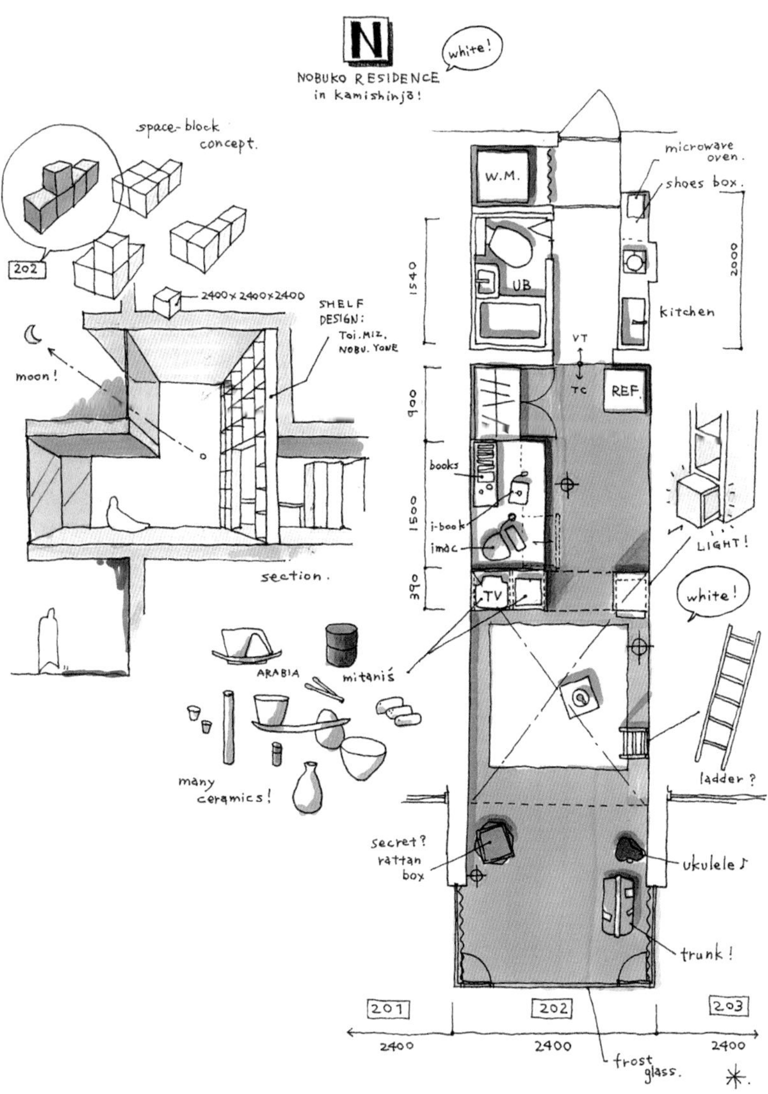
N
NOBUKO RESIDENCE
in kamishinjō!
white!
space-block
concept.
202
2400×2400×2400
SHELF
DESIGN:
Toi. MIZ.
NOBU. YONE
moon!
section.
ARABIA
mitani's
many
ceramics!
W.M.
microwave
oven.
shoes box.
UB
kitchen
1540
2000
VT
TC
REF.
900
books
i-book
imac
1500
390
TV
LIGHT!
white!
ladder?
secret?
rattan
box
ukulele ♪
trunk!
201
202
203
2400
2400
2400
frost
glass.

趣味を愛する秘密基地 #10

1 **マイルームのこだわりポイントは？**

自作のデスク＆テレビ台一体型家具で居住スペース確保。

2 **お気に入りのアイテムは？**

金の豚（iPhone用スピーカー）。

3 **お気に入りの場所は？**

カーペットの上。重厚で気に入ってます。ホットカーペットを仕込んであるので冬はぬくぬく。

4 **家での過ごし方は？（平日編）**

帰ってきてほぼ寝るだけ。照明を落として音楽を聴きながら、寝る直前のリラックスタイムに軽くアルコールを一杯。

5 **家での過ごし方は？（休日編）**

音楽を流しながらの家事。

6 **マイルームのウィークポイントは？**

古い木造アパート。断熱材入ってないんじゃないの？？冬寒いです…。

7 **部屋選び・家づくりのマイルールは？**

周りの環境（緑の多い公園が近い）、南向き、バルコニーあり。

8 **次住むならどんな家？**

日差しがよく入る広い家。

KOIZUMI HOUSE*

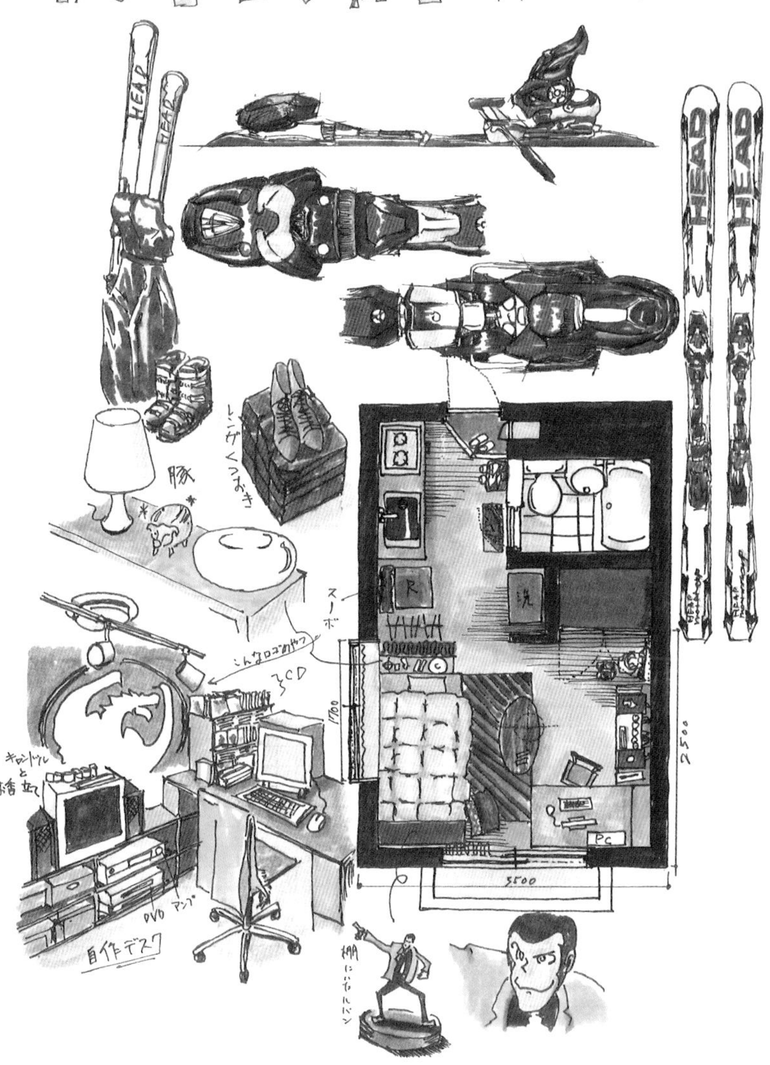

ミニマリストのメゾネット

#11

1 マイルームのこだわりポイントは？

鉄骨の螺旋階段と壁面ガラスブロック。

2 お気に入りのアイテムは？

USM ハラーの黒い棚。

3 お気に入りの場所は？

キャンチレバーの階段。寝ぼけて落ちそうになることあり。

4 家での過ごし方は？（平日編）

洗濯機以外家電も食器もなく、体をひたすら休める（冷蔵庫、テレビ、掃除機、インターネット回線もないため）。ちなみに、掃除はフローリングワイパーとハンドクリーナーを使用。

5 家での過ごし方は？（休日編）

休日は家にいない。新しく趣味で始めた楽器の練習をしている。

6 マイルームのウィークポイントは？

ガラスで丸見えのトイレ。

7 部屋選び・家づくりのマイルールは？

コンクリート構造であること（憧れ）。

8 次住むならどんな家？

海に近いリゾート。

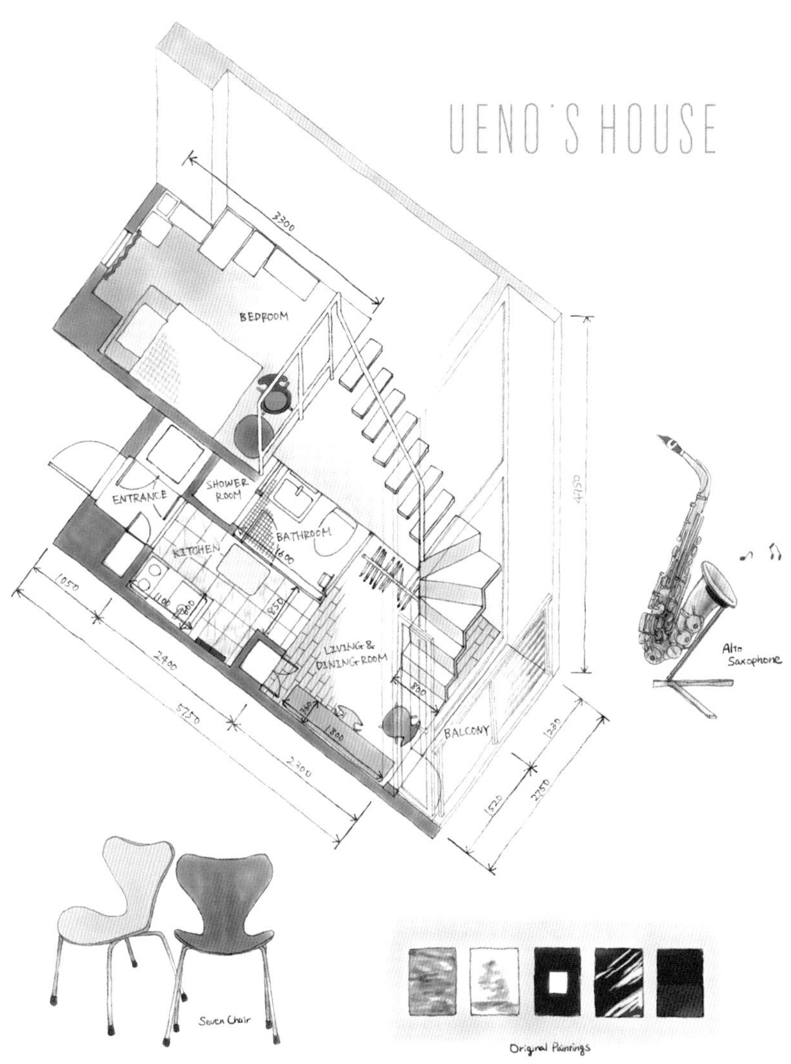
UENO'S HOUSE
3300
BEDROOM
ENTRANCE
SHOWER ROOM
KITCHEN
BATHROOM
LIVING & DINING ROOM
BALCONY
4750
1050
2400
5750
2200
1600
850
800
1800
1230
1520
2750
Alto Saxophone
Seven Chair
Original Paintings

Room for One

読書家の住処

#12

1 マイルームのこだわりポイントは？

日当たりと大収納、ベランダからの借景。

2 お気に入りのアイテムは？

テーブル。食事や読書はもちろんミシン掛けをしたかったため、大きさは大事でした。家具屋を回って、1400mm×900mmサイズを思い切って購入しましたが、直線ミシンとロックミシンの2台を置いても余裕あるサイズです。

3 お気に入りの場所は？

トイレ。窓際にかわいいものを置く棚があります。本を読んだり考え事をしたり…。

4 家での過ごし方は？（平日編）

ぐうたら読書、ぐうたらミシン。

5 家での過ごし方は？（休日編）

ぐうたら読書、ぐうたらミシン。

6 マイルームのウィークポイントは？

冬とても寒いこと。風が強過ぎると隙間風が入る。そしてモノが多すぎることでしょうか。

7 部屋選び・家づくりのマイルールは？

古くても手入れさえされていれば多少ボロくてもいいので、日当たりと風通しが良く、収納が多く、風呂トイレは別で、窓からの景色が抜けていて、ベランダにも屋根がある…この条件で不動産屋を回ったらこの部屋にたどり着いた。

8 次住むならどんな家？

天井が高く景色の良い洋裁部屋と収納が確保されており、適度に都会で適度な田舎にある家。

トイレの棚に
キューピーと
うさぎが…
とにかく本が多い
ワタナベ
渡辺の家
さいげんなく本がふえ
あちこちにつみあがっている……
とてもここにはかけません。
おふろはあるけど
ほぼ毎日玉の湯へ行く。
大きくてサイコー。
テディベアや
うさぎやパンダの
ぬいぐるみが
たくさん。
あちこちに
つくった。
食器
本
本
本
ベランダ

ビッキーの男の部屋

#13

1 マイルームのこだわりポイントは？

天井の高さ（賃貸物件ですが）。

2 お気に入りのアイテムは？

ロフト上の本棚。

3 お気に入りの場所は？

ロフトの上。

4 家での過ごし方は？（平日編）

リビングでテレビを観る。

5 家での過ごし方は？（休日編）

だらだらと二度寝。

6 マイルームのウィークポイントは？

床でくつろぎにくいこと。ゴロゴロしたいが、
床面が狭く大の字で寝そべれない。

7 部屋選び・家づくりのマイルールは？

水廻りの清潔感。

8 次住むならどんな家？

眺望の良い田舎。

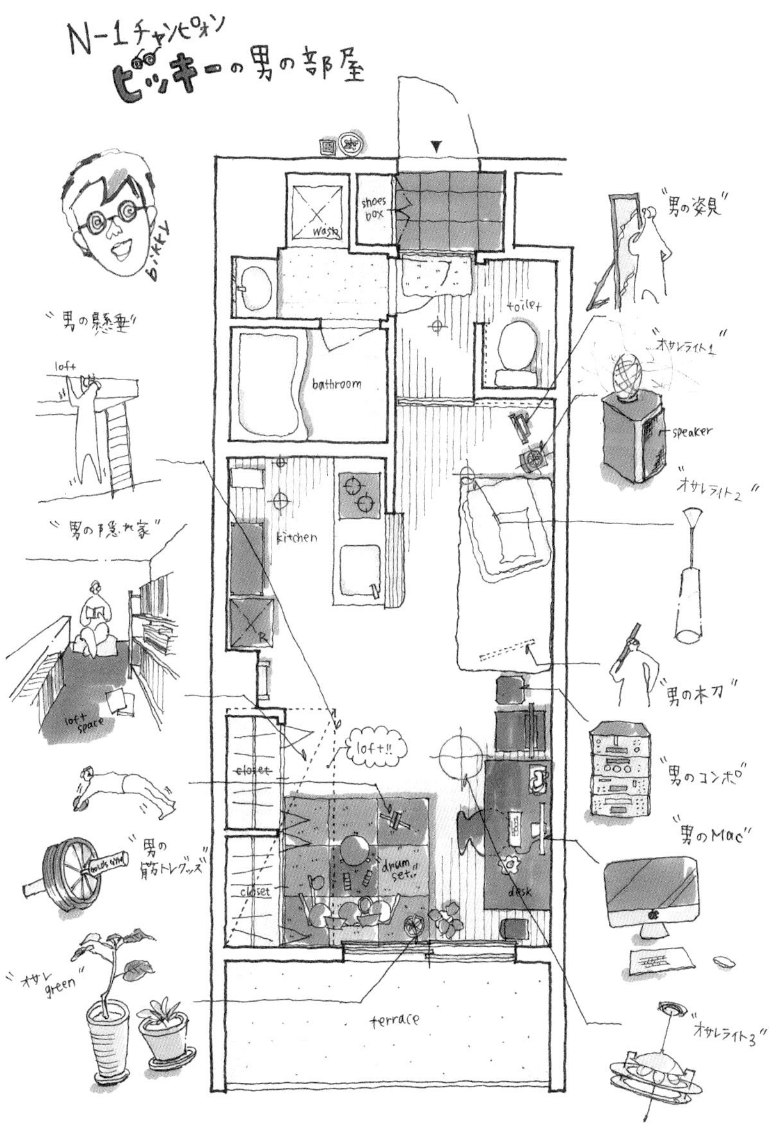
N-1チャンピオン
ビッキーの男の部屋
BIKKY
"男の懸垂"
loft
"男の隠れ家"
loft space
"男の筋トレグッズ"
"オサレgreen"
shoes box
wash
toilet
bathroom
kitchen
loft!!
closet
closet
drum set
desk
terrace
"男の姿見"
"オサレライト1"
speaker
"オサレライト2"
"男の木刀"
"男のコンポ"
"男のMac"
"オサレライト3"

単身赴任の部屋

#14

1 マイルームのこだわりポイントは？
ど真ん中キッチン。

2 お気に入りのアイテムは？
staubのココット。

3 お気に入りの場所は？
キッチンと一体の食卓。

4 家での過ごし方は？（平日編）
自炊、晩酌、爆睡。

5 家での過ごし方は？（休日編）
掃除、洗濯、買い出し。

6 マイルームのウィークポイントは？
冬寒くて観葉植物が落葉する。

7 部屋選び・家づくりのマイルールは？
モノを増やさない。

8 次住むならどんな家？
都心のガレージ付き物件。

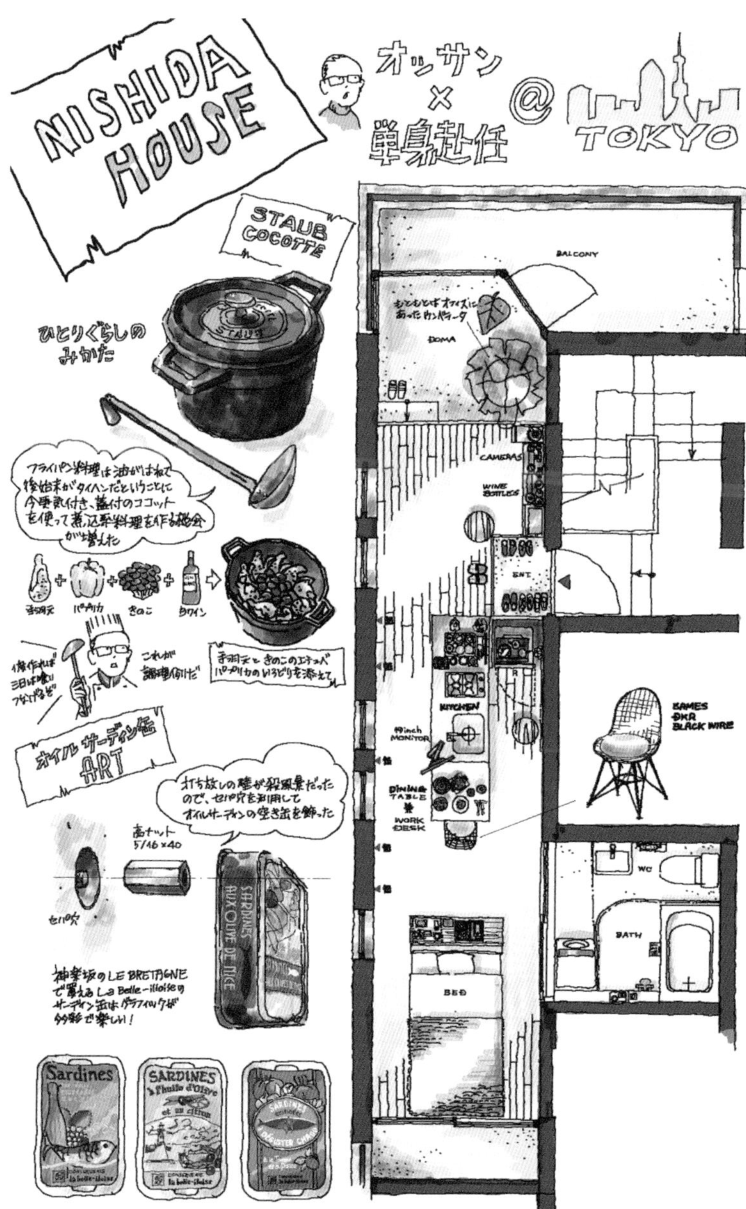
NISHIDA HOUSE
オッサン×単身赴任 @ TOKYO
STAUB COCOTTE
ひとりぐらしのみかた
フライパン料理は油がはねて後始末がタイヘンだということに今更気付き、蓋付のココットを使って煮込系料理を作る機会が増えた
手羽元
パプリカ
きのこ
白ワイン
これが調理例だ
1度作れば三日は喰いつなげるぞ
手羽元ときのこのエチュベ パプリカのいろどりを添えて
オイルサーディン缶ART
打ち放しの壁が殺風景だったので、セパ穴を利用してオイルサーディンの空き缶を飾った
高ナット 5/16×40
セパ穴
SARDINES AUX OLIVE DE NICE
神楽坂のLE BRETAGNEで買えるLa Belle-illoiseのサーディン缶はグラフィックが多彩で楽しい!
Sardines
SARDINES à l'huile d'Olive et un citron
SARDINES
BALCONY
もともとはオフィスにあったパンパラータ
DOMA
CAMERAS
WINE BOTTLES
ENT.
KITCHEN
R
19inch MONITOR
DINING TABLE 兼 WORK DESK
EAMES DKR BLACK WIRE
WC
BATH
BED

サボテンと暮らす部屋

15

1 マイルームのこだわりポイントは？

1人暮らしでも食事をきちんとした姿勢で取りたいのと、人を呼ぶのが好きで、4人が座れるダイニングテーブルを置いたこと。そのかわりソファはなしです！

2 お気に入りのアイテムは？

ダイニングテーブル。

3 お気に入りの場所は？

友人を招いて食事をすることが好きなので、友人と会話しながら料理をすることができるキッチン。

4 家での過ごし方は？（平日編）

仕事が忙しく家ではほとんど寝るだけです…。

5 家での過ごし方は？（休日編）

ごろごろ過ごすこともあれば、料理を作って友人と過ごすこともあります。

6 マイルームのウィークポイントは？

あえて言うならば収納量。もっと食器を買いたいけれど仕舞うところがないので。

7 部屋選び・家づくりのマイルールは？

キッチンに立ちながらダイニングにいる友人と話ができること。

8 次住むならどんな家？

ソファが置ける部屋。

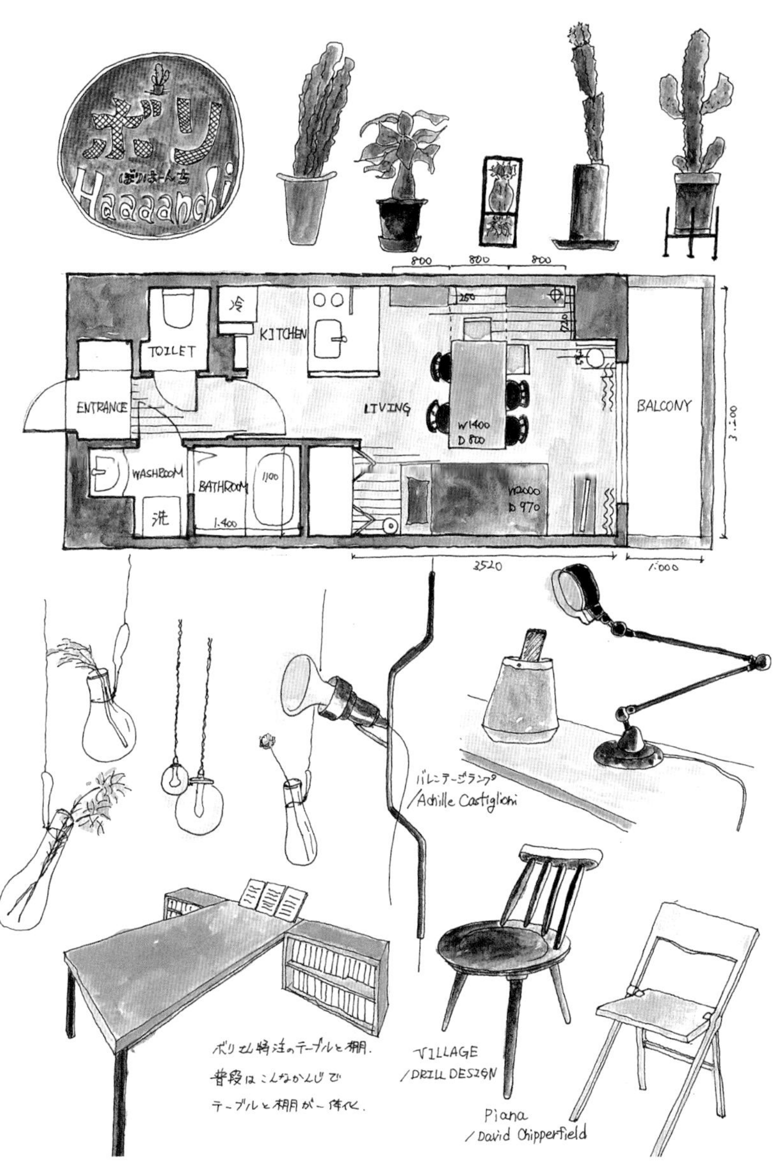
ボリ
ぼりはーんち
Haaaanchi
800
800
800
冷
KITCHEN
TOILET
ENTRANCE
LIVING
250
W1400
D800
BALCONY
WASHROOM
洗
BATHROOM
1100
1.400
W2000
D970
3520
1.000
3.100
バレニテージランプ
/Achille Castiglioni
ボリさん特注のテーブルと棚.
普段はこんなかんじで
テーブルと棚が一体化.
VILLAGE
/DRILL DESIGN
Piana
/David Chipperfield

#16 音人（オトナ）の住処

1 マイルームのこだわりポイントは？

10階で周辺に高層の建物がなく景色が良いので、
DIYで作った縁側スペースがお気に入りです。

2 お気に入りのアイテムは？

音楽機材や、旅先で買った色々な物。

3 お気に入りの場所は？

縁側です。夜はキャンドルに火をつけてここでビールを飲みます。

4 家での過ごし方は？（平日編）

平日はあまり家にいませんが、夜は夜景を見ながら好きな音楽を聴きます。

5 家での過ごし方は？（休日編）

コーヒーを飲みながら、好きな音楽を聴きます。

6 マイルームのウィークポイントは？

放水するエアコン。30分以上エアコンをつけっぱなしにするとドバーっとエアコンから水が出ます。恐るべし！

7 部屋選び・家づくりのマイルールは？

静かで景色が良い事。

8 次住むならどんな家？

周辺の自然が豊かでテラスがある家。

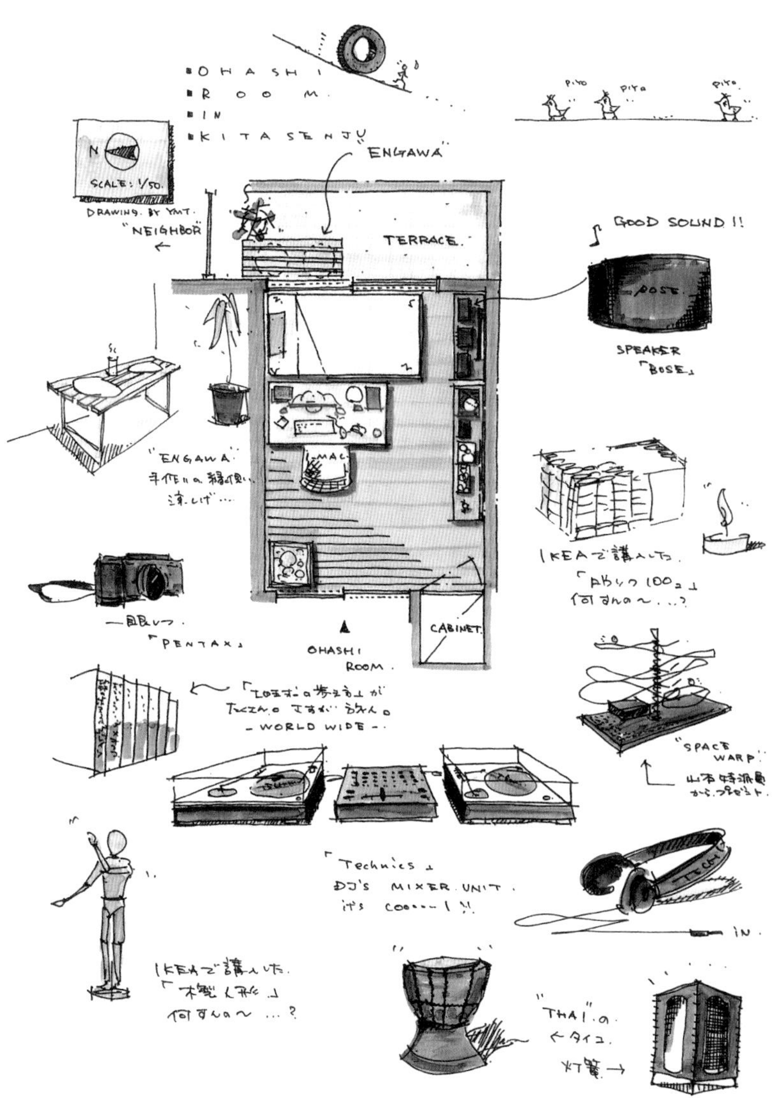
OHASHI
ROOM
IN
KITASENJU
PIYO
PIYO
PIYO
N
SCALE: 1/50.
DRAWING. BY YMT.
"NEIGHBOR"
"ENGAWA"
TERRACE.
GOOD SOUND!!
BOSE
SPEAKER
「BOSE」
MAC
"ENGAWA"
手作りの縁側、
涼しげ…
IKEAで購入した
何すんの〜…?
一眼レフ.
「PENTAX」
OHASHI
ROOM.
CABINET.
-WORLD WIDE-
"SPACE WARP".
山本特派員
からプレゼント.
「Technics」
DJ'S MIXER UNIT.
it's coo----l!!
IN.
IKEAで購入した
「木製人形」
何すんの〜…?
"THAI"の
←タイコ.
灯篭→

「マフィア」の住処

17

1 マイルームのこだわりポイントは?

NYのSOHOにありそうな古いアパートの雰囲気。

2 お気に入りのアイテムは?

モデルガン。

3 お気に入りの場所は?

アパートの入り口付近。僕以外の住人はみんなおばあちゃん。都会では珍しいですが、出くわせば必ず挨拶してくれます。朝は掃除してくれるおばあちゃんと、「いってらっしゃい!」「いってきます!」が日課。最近では、おばあちゃん達が、フリーマーケットを敢行。お客さんは見当たらず、お互いの物々交換大会みたいになっていましたが、その企画力、行動力に感服。

4 家での過ごし方は?(平日編)

深夜に帰宅し、テイクアウトしたマヨネーズたっぷりのたこ焼きを就寝前にたらふく食べる。

5 家での過ごし方は?(休日編)

映画鑑賞。

6 マイルームのウィークポイントは?

寝心地が良すぎて、朝起きれません。

7 部屋選び・家づくりのマイルールは?

田舎者なので目黒に憧れている。

8 次住むならどんな家?

海の近く。

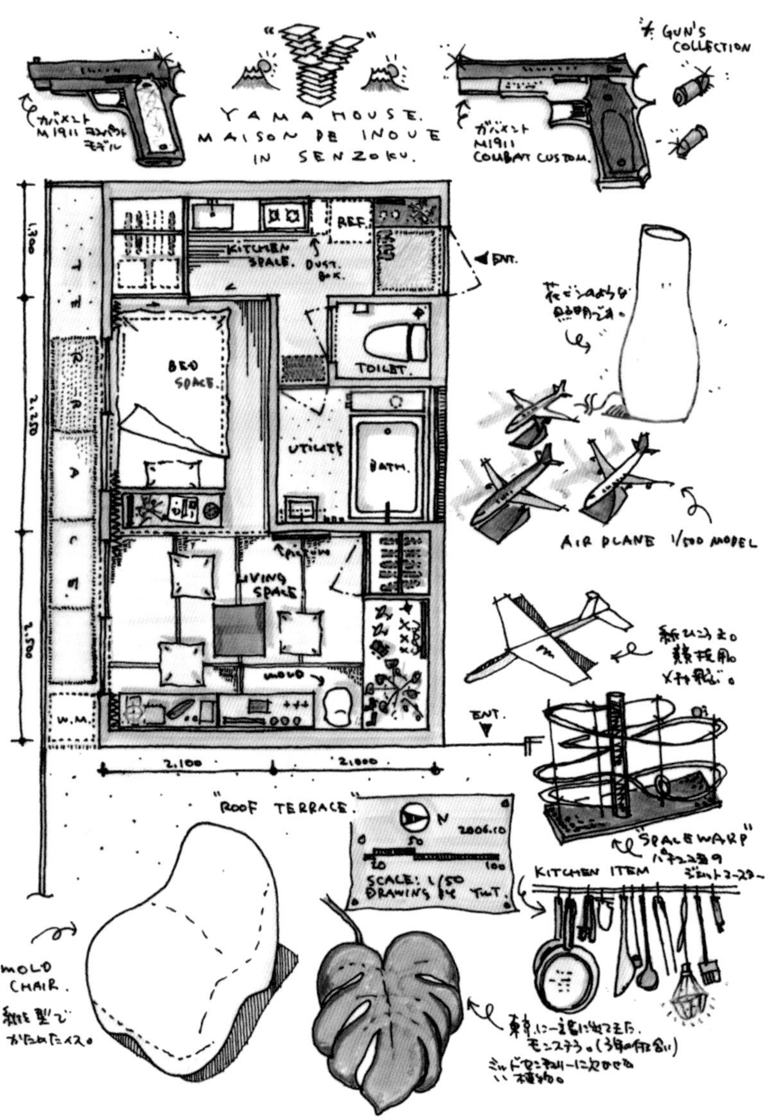

YAMA HOUSE.
MAISON DE INOUE
IN SENZOKU.
ガバメント
M1911 コンパクトモデル
ガバメント
M1911
COMBAT CUSTOM.
GUN'S COLLECTION
KITCHEN SPACE.
REF.
DUST. BOX.
ENT.
TOILET.
BED SPACE
UTILITY
BATH.
LIVING SPACE
MOLD
W.M.
2,100
2,000
"ROOF TERRACE."
N
2006.10
0
50
20
100
SCALE: 1/50
DRAWING BY YMT.
花ビンのような照明です。
AIR PLANE 1/500 MODEL
紙ひこうき。
競技用。
メチャ飛ぶ。
ENT.
"SPACEWARP"
パチンコ玉のジェットコースター
KITCHEN ITEM
MOLD CHAIR.
紙型でかためたイス。
東京に一緒に出てきた、
モンステラ。(3年の付き合い)
ミッドセンチュリーに欠かせない植物。

ミニマルシェアハウス

#18

1 **マイルームのこだわりポイントは？**

DIY！

2 **お気に入りのアイテムは？**

旅先で収集してきたオブジェたち。

3 **お気に入りの場所は？**

とても広い屋上。

4 **家での過ごし方は？（平日編）**

飲酒か読書。

5 **家での過ごし方は？（休日編）**

シェアハウスの共用リビングでゲーム。

6 **マイルームのウィークポイントは？**

カーテンがなくて寒いです…。

7 **部屋選び・家づくりのマイルールは？**

居心地のよさ。ボーっとできるような風景を
享受できる空間に居心地の良さを感じます。

8 **次住むならどんな家？**

眺望がいい家。

シェアハウスのすすめ

今井邸

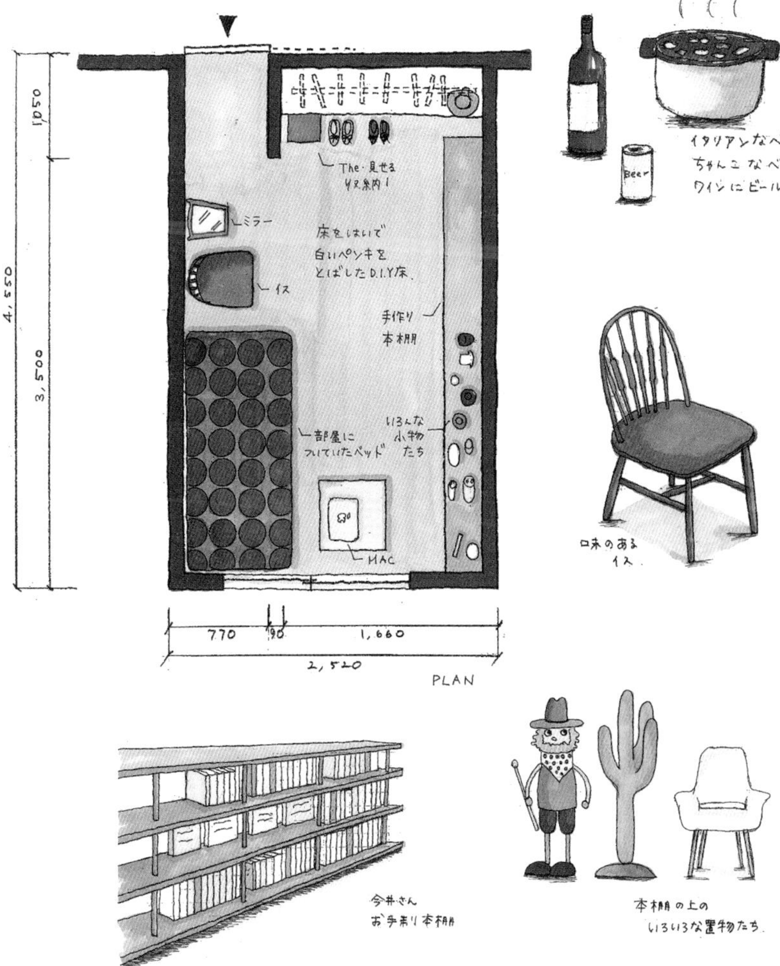

The・見せる収納!
ミラー
床をはいで
白いペンキを
とばしたD.I.Y床。
イス
手作り
本棚
いろんな
小物
たち
部屋に
ついてたベッド
MAC
1,050
3,500
4,550
770
90
1,660
2,520
PLAN
Beer
イタリアンなべ
ちゃんこなべ
ワインにビール
味のある
イス
今井さん
お手制り本棚
本棚の上の
いろいろな置物たち

スパイスの効いた北欧家具の部屋 #19

Room for One

1 **マイルームのこだわりポイントは？**
できるだけ好きなもの以外持ち込まない。色味を使いすぎない。

2 **お気に入りのアイテムは？**
Hans J. Wegnerの家具たちとアンティーク家具たち。

3 **お気に入りの場所は？**
アームチェアの上。三角座りして天井を見てます。

4 **家での過ごし方は？（平日編）**
音楽を聴きながらお酒を飲んで、デイベッドで寝落ち。

5 **家での過ごし方は？（休日編）**
ほぼ出掛けているが、家にいる時はお酒を飲みながら料理など。
たまに友人を呼んで酒盛りなども。

6 **マイルームのウィークポイントは？**
ものすごい変なペーパーホルダー。

7 **部屋選び・家づくりのマイルールは？**
キッチンが広いこと。収納が多いこと。

8 **次住むならどんな家？**
古い戸建かヴィンテージマンション。

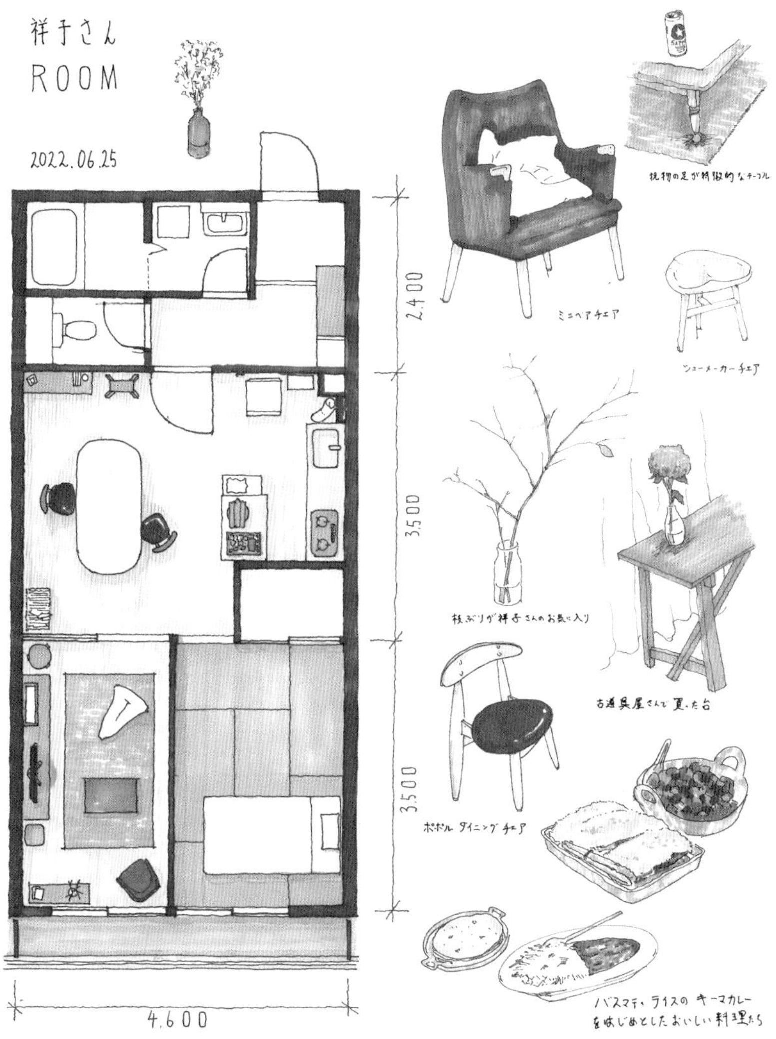
祥子さん
ROOM
2022.06.25
2,400
3,500
3,500
4,600
ミニベアチェア
挽物の足が特徴的なテーブル
ショーメーカーチェア
枝ぶりが祥子さんのお気に入り
古道具屋さんで買った台
ポポル ダイニングチェア
バスマティライスの キーマカレー
をはじめとしたおいしい料理たち

シェフ's ルーム

#20

1 **マイルームのこだわりポイントは？**

旅先で買った物などを飾るディスプレイスペースを所々に設けて、基本家具は低めで、なるべく広さを感じられるようにしました。

2 **お気に入りのアイテムは？**

ソファとラグ。

3 **お気に入りの場所は？**

リビングのソファ。帰宅したら一旦ここでだらだらします。

4 **家での過ごし方は？（平日編）**

平日はあまりゆっくりする時間がないので、寝る前にソファでネット記事をチェックするくらいでしょうか…。

5 **家での過ごし方は？（休日編）**

ソファでのんびり。もしくはキッチンで料理を黙々と作る。

6 **マイルームのウィークポイントは？**

バルコニー。隣の家と、隣の部屋と向かい合うような形になっているので、その面はブラインドを閉めているためほとんど出ません。閉めっぱなしにしていて、泥棒に窓を割られていたのにも気がつきませんでした。発見したのは、バルコニーで喫煙していた友人です。※泥棒は未遂で済みました。

7 **部屋選び・家づくりのマイルールは？**

なるべく各部屋に窓があること。無駄なスペースがないこと。

8 **次住むならどんな家？**

天井が高くて、バルコニーが広くてそこでも寛げるような家。

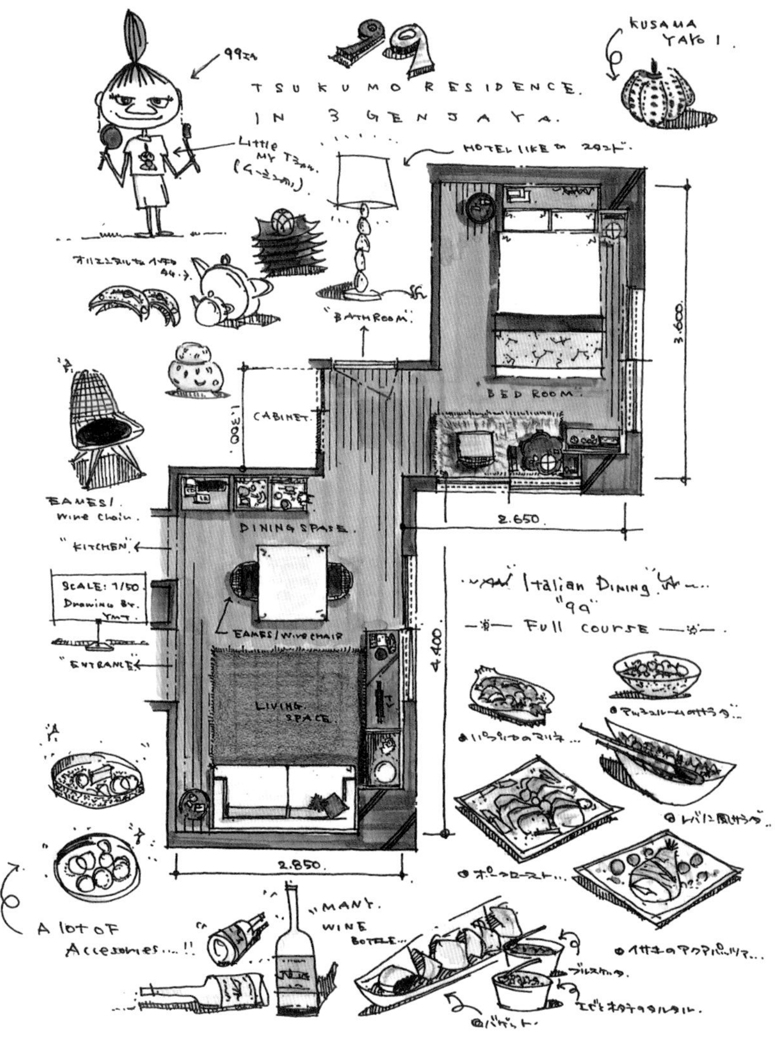
TSUKUMO RESIDENCE.
IN 3 GENJAYA.
KUSAMA YAYOI.
Little My T
HOTEL LIKE な スタンド
"BATHROOM"
BED ROOM.
CABINET.
1.000
3.600
2.650
EAMES/ Wire Chair.
"KITCHEN"
DINING SPASE.
SCALE: 1/50
Drawing By. YMT
EAMES/Wire chair
"ENTRANCE"
LIVING SPACE.
TV
4.400
2.850.
Italian Dining "99"
Full course
マッシュルームのサラダ
パプリカのマリネ
ポークロースト
イサキのアクアパッツァ
A lot OF Accesories...!!
"MANY WINE BOTTLE...
ブルスケッタ
エビとホタテのタルタル
バゲット

THE・女子の部屋

#21

1 マイルームのこだわりポイントは？

日当たりの良さと角部屋であること。

2 お気に入りのアイテムは？

特になし。

3 お気に入りの場所は？

ベッドの中。引っ越す前はセミシングルで窮屈でしたが、引っ越しを機にセミダブルに買い替えました。ダブルでもよかったなぁと最近思ってます。

4 家での過ごし方は？（平日編）

大体自炊しているので、ご飯を作ってテレビを観ながらゆっくり食べて寛いでます。

5 家での過ごし方は？（休日編）

インドア派なので休みの日に撮り溜めたドラマやDVDを見ながらグータラしてます。

6 マイルームのウィークポイントは？

北向きなので冬が寒くて結露がすごい！あと西側に小窓があるので西日が眩しい所。テレビが小窓の下にある為、西日が射しているときは窓に雑誌を置いてます。

7 部屋選び・家づくりのマイルールは？

日当たりの良さ。

8 次住むならどんな家？

庭付きで100㎡以上の平屋。

SHOJI
HOUSE
デンドロビウム
ガジュマル
スターチス
と
チューリップ
高いところにトースターがあるので
こんな風にパン焼いてました・・・・

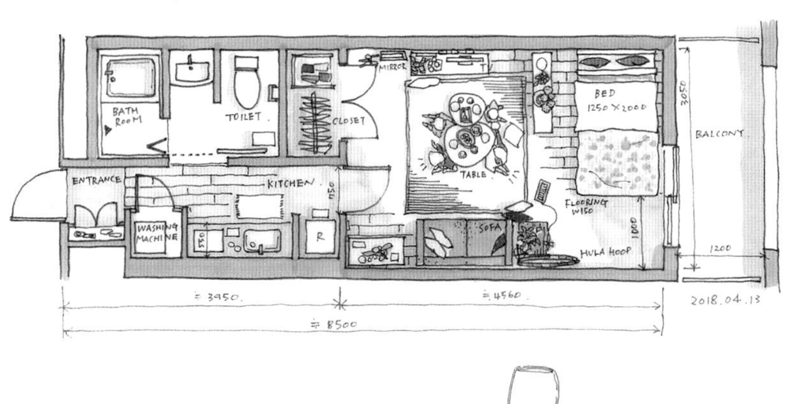
BATH ROOM
TOILET
CLOSET
MIRROR
TABLE
BED
1250×2000
3050
BALCONY
ENTRANCE
KITCHEN
WASHING MACHINE
R
SOFA
FLOORING
W150
HULA HOOP
1000
1200
≒3950
≒4560
≒8500
2018.04.13

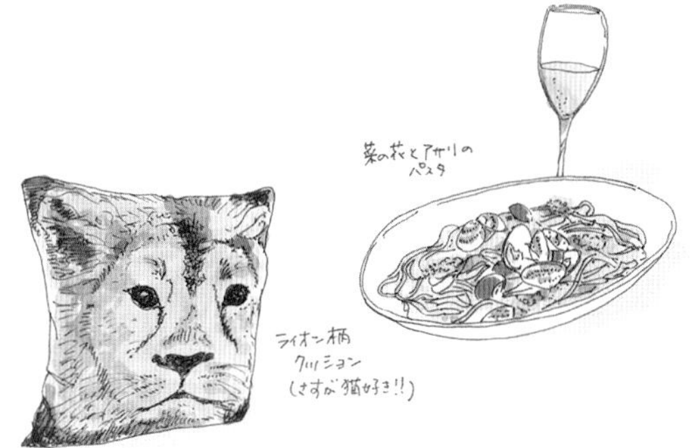
菜の花とアサリの
パスタ
ライオン柄
クッション
(さすが猫好き!!)
Tani

料理系男子の住処

#22

1 マイルームのこだわりポイントは？

2階建てを活かして1階をキッチン＋ワーク、
2階をリビングベッドルームに分けた計画。

2 お気に入りのアイテムは？

部屋に鎮座しているビアンキの折り畳み自転車。

3 お気に入りの場所は？

ソファの上。酔って帰ってきてベッドで寝たら
よいのに気付いたらソファで寝てます。

4 家での過ごし方は？（平日編）

料理して、酒飲んで、本読んで、寝て…。

5 家での過ごし方は？（休日編）

料理して、酒飲んで、本読んで、寝て…。

6 マイルームのウィークポイントは？

2階が驚くほど暑いです。猛暑でも外の方が
ましかと思うくらいでした。

7 部屋選び・家づくりのマイルールは？

不動産屋で粘りに粘り掘り出し物を発掘する。そして家賃交渉。

8 次住むならどんな家？

自分も設計に手を出し、口出しした戸建住宅。

中井サンち
3000
4500
2F Scale 1:50
肴
枝豆
アボガドとかのサラダ
煮
棒々鶏
極旨ベーコン
THE なす
焼
じゃがコン
THE キムち
塩やきそば 2 with マヨネーズ
飯
残りものSP
かつパンチャーハン
すごいテレビ
泡盛
三岳
ハブ酒
ダーツ
アート
帽子
1900
1200 × 1600
?
LOUIS GHOST ARMCHAIR
CHAIR ONE
4500
900
3000
1F Scale 1:50
おりたたみチャリ
エメラルドグリーン
らしい

音人(オトナ)の住処2

23

1 **マイルームのこだわりポイントは？**
屋根裏っぽい広めのゴロゴロできるロフトスペース。

2 **お気に入りのアイテムは？**
吹抜けに配置しているLouis Poulsenの照明（スケッチに描いてありませんが…）。

3 **お気に入りの場所は？**
ロフト（天井高が高めのロフトで隠れ家っぽい）。

4 **家での過ごし方は？（平日編）**
ご飯食べて、ロフトでゴロゴロ本を読んだりして寝ます。

5 **家での過ごし方は？（休日編）**
あまり家にいませんが、天気がよければ料理を作ってテラスで食べたり、ビールを飲んだりとか。

6 **マイルームのウィークポイントは？**
駅から遠いこと。

7 **部屋選び・家づくりのマイルールは？**
静かで日当たりが良いこと。

8 **次住むならどんな家？**
もう少し広くて公園が近い景色の良い家。

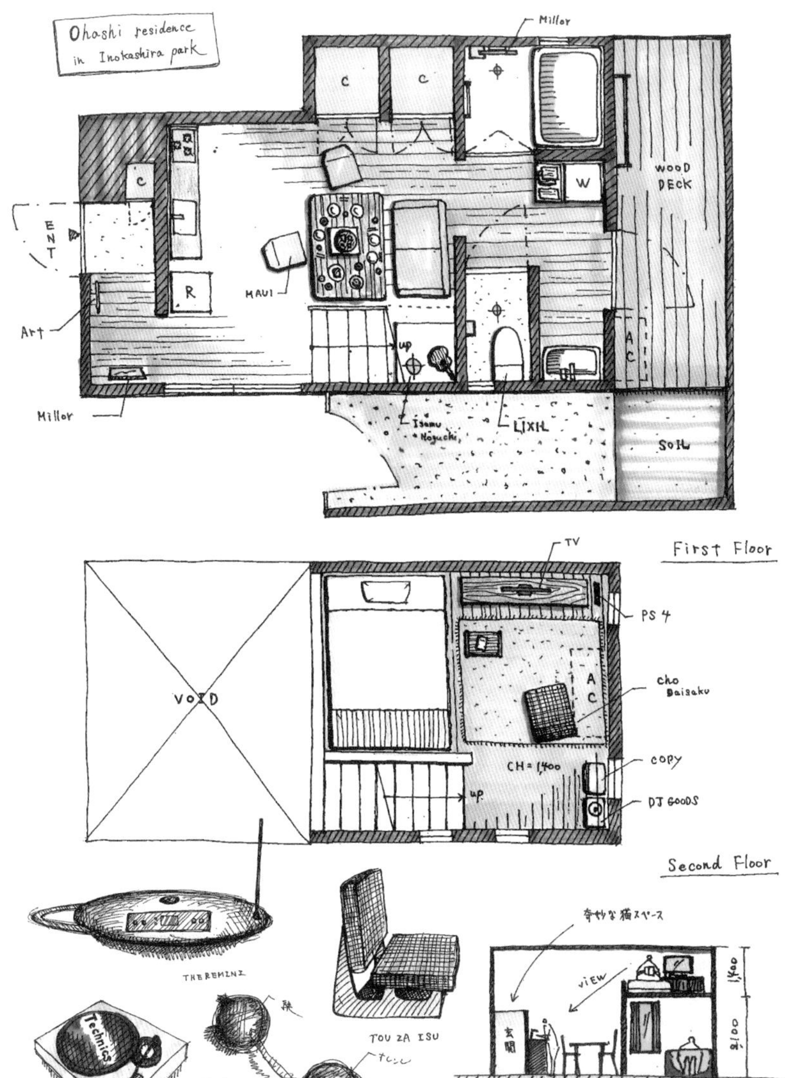

Ohashi residence
in Inokashira park
Millor
C
C
WOOD
DECK
W
C
ENT
R
MAUI
Art
up
A
C
Millor
Isamu
Noguchi
LIXIL
SOIL
TV
First Floor
PS 4
VOID
A
C
Cho
Daisaku
CH=1,400
COPY
up
DJ GOODS
Second Floor
THEREMINI
奇妙な猫スペース
VIEW
1,400
玄関
2,100
TOU ZA ISU
Technics
DJ GOODS
Agalato
Section

細ながーい部屋

#24

1 マイルームのこだわりポイントは？

いかにお金をかけないか、前の持ち物を使いまわせるか。

2 お気に入りのアイテムは？

お掃除ロボ。

3 お気に入りの場所は？

布団の中。あったかぬくぬく。

4 家での過ごし方は？（平日編）

横になると寝てしまうので、椅子のリクライニングで半分横になりながらYouTubeを観ます。

5 家での過ごし方は？（休日編）

布団の中でYouTubeを観る。

6 マイルームのウィークポイントは？

引き戸をとっぱらって広く部屋を使いたいが、空調の効きが悪くなりそうなのでできない。レイアウトが難しい。

7 部屋選び・家づくりのマイルールは？

安全と十分な利便性（オートロック、3階以上、宅配ボックスあり、敷地内ゴミ集積所あり、スーパー・コンビニ徒歩5分圏内）の確保。内装はフローリングであれば良し。

8 次住むならどんな家？

スポットライトがある部屋。

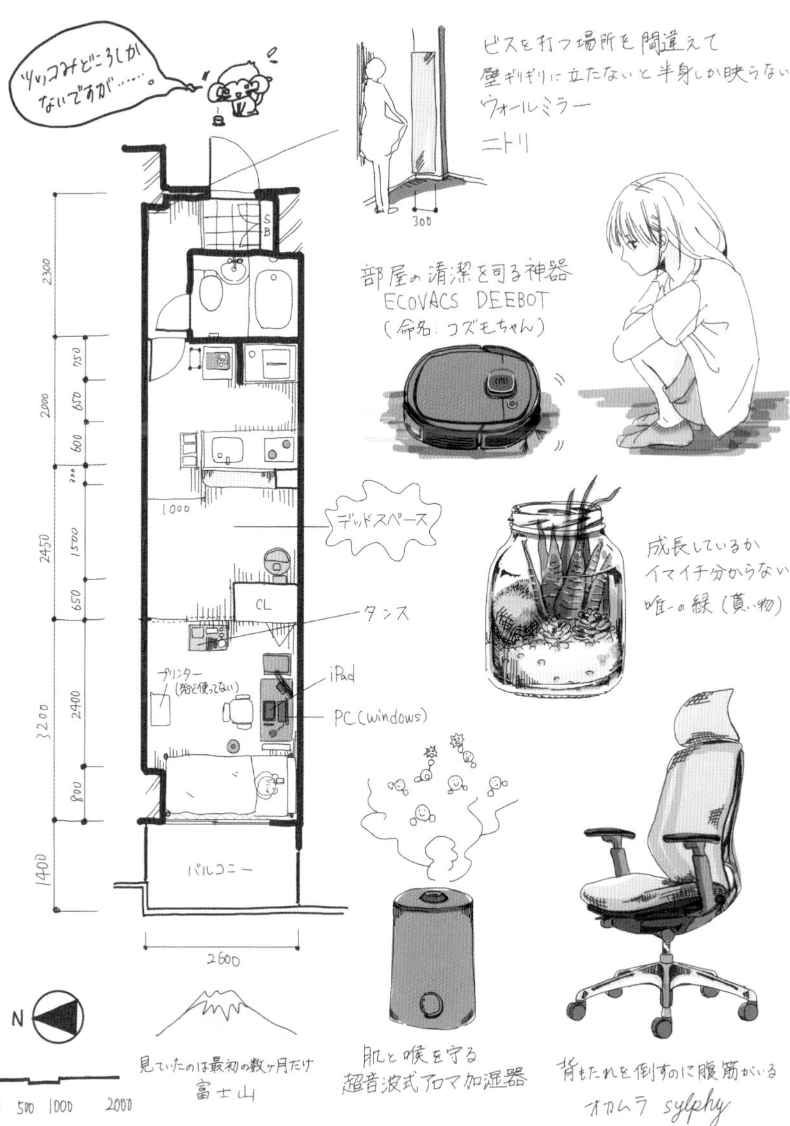
ツッコミどころしかないですが……。
ビスを打つ場所を間違えて
壁ギリギリに立たないと半身しか映らない
ウォールミラー
ニトリ
300
部屋の清潔を司る神器
ECOVACS DEEBOT
（命名：コズモちゃん）
SB
デッドスペース
CL
タンス
プリンター
（殆ど使ってない）
iPad
PC（windows）
バルコニー
2300
2000
2450
3200
1400
750
650
600
300
1000
1500
650
2400
800
2600
N
0 500 1000 2000
成長しているか
イマイチ分からない
唯一の緑（貰い物）
見ていたのは最初の数ヶ月だけ
富士山
肌と喉を守る
超音波式アロマ加湿器
背もたれを倒すのに腹筋がいる
オカムラ sylphy

ギタリストの住処

#25

1 **マイルームのこだわりポイントは？**
間取り中央のリビングダイニング。

2 **お気に入りのアイテムは？**
ストラトギター。

3 **お気に入りの場所は？**
宅録のできるリビングダイニング。

4 **家での過ごし方は？（平日編）**
寝るか食べるか。

5 **家での過ごし方は？（休日編）**
リビングに入り浸りPC、ギターを触る。

6 **マイルームのウィークポイントは？**
駅から遠いこと。徒歩25分！ 暑い季節や雨の日は特に弱点突出！

7 **部屋選び・家づくりのマイルールは？**
心地が良いと思える自分の居場所があること。

8 **次住むならどんな家？**
駅近の家。

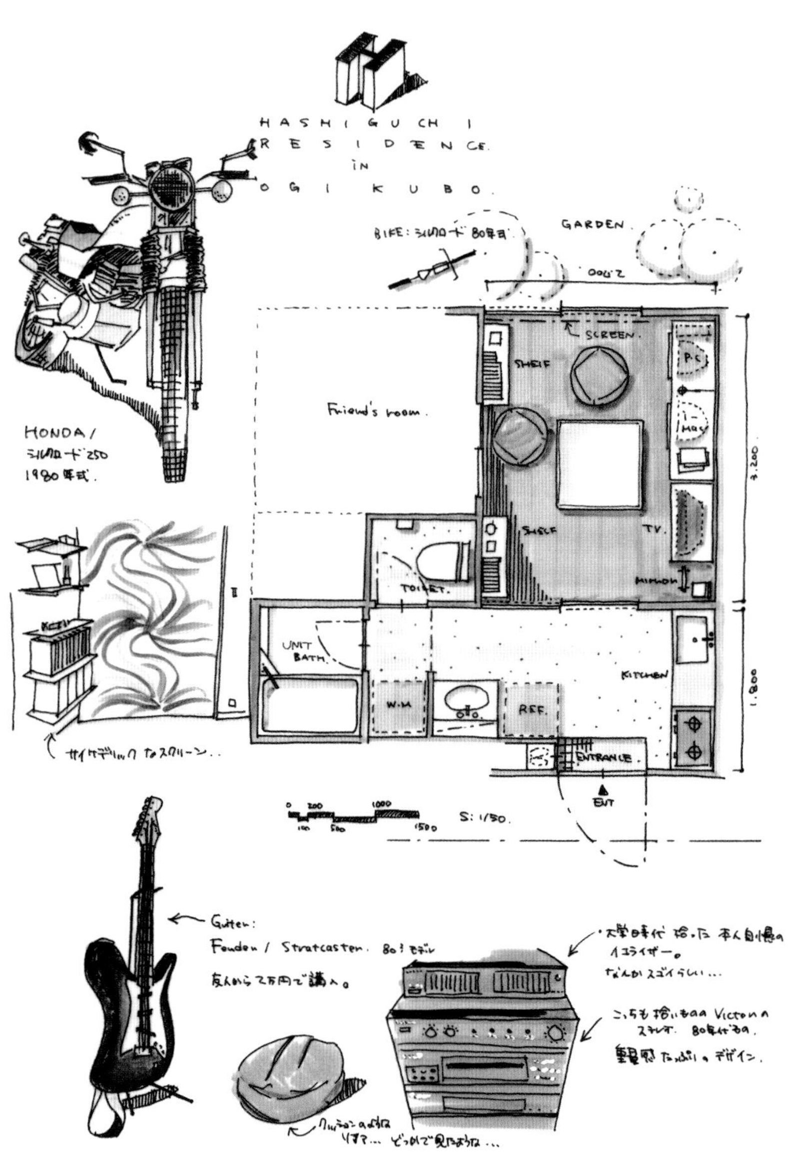
HASHIGUCHI RESIDENCE IN OGIKUBO.
GARDEN.
SCREEN.
SHELF
Friend's room.
P.C
I-Mac
TV.
SHELF
TOILET.
UNIT BATH
KITCHEN
W.M
REF.
ENTRANCE.
ENT
S: 1/50.
HONDA / シルクロード250 1980年式.
サイケデリックなスクリーン..
Stratcaster. 80's モデル
友人から7万円で購入。
大学時代 拾った 本人自慢の イコライザー。
なんかスゴイらしい...
こっちも拾いものの Victor の ステレオ. 80年代もの.
重量感たっぷりのデザイン.
どっかで見たような...

愛しい家具に囲まれた家 #26

1 **マイルームのこだわりポイントは？**

家自体は普通のマンションの間取りなので、小物や家具でキャラクターのあるものを揃えた。ヴィンテージっぽさもありつつ、かわいいアイテムを入れて空間を楽しんだ。

2 **お気に入りのアイテムは？**

虎のサイドテーブルと寝室の巨大ヴィンテージミラー。

3 **お気に入りの場所は？**

ベランダ。豊洲やドラゴンゲートブリッジの夜景や近隣公園の花々がとても綺麗に見えるので。

4 **家での過ごし方は？（平日編）**

夜遅くに帰宅することがほとんどなので、平日は飲みながら外の景色を眺めて癒される。強い光を家で感じたくないので、必要最低限の照明とキャンドルでのんびり。

5 **家での過ごし方は？（休日編）**

平日の食事を作るためにほぼ一日中キッチンにいたり、本読んでリラックス。

6 **マイルームのウィークポイントは？**

水廻りが家の中央にあるから家を改造すると無理が生じる…。

7 **部屋選び・家づくりのマイルールは？**

元々数年後に売る予定で購入したマンションで、あくまでも売りやすい間取り（ファミリータイプ）で、リラックスしたかったので緑と川が近くにある部屋を探した。あと、近所に美味しいデリやコーヒー屋がある場所。

8 **次住むならどんな家？**

庭付きの平屋で、緑のあるところで生活したい。

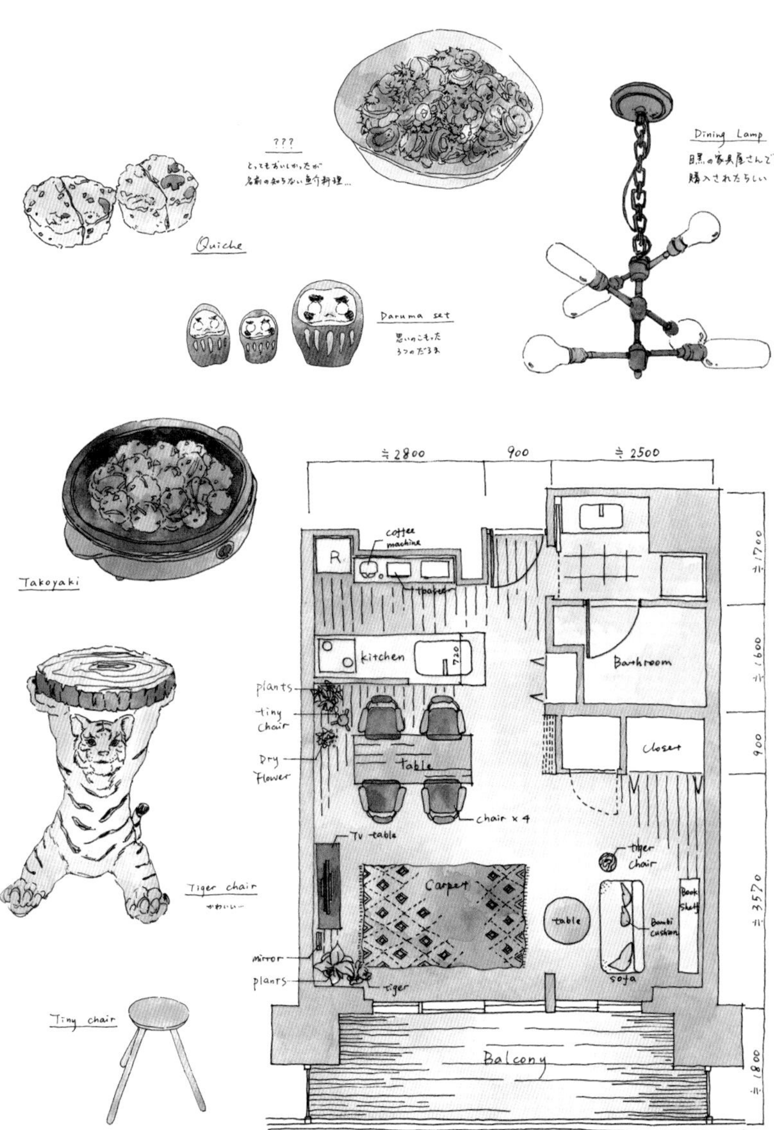
???
とってもおいしかったが
名前の知らない魚介料理…
Dining Lamp
目黒の家具屋さんで
購入されたらしい
Quiche
Daruma set
思いのこもった
3つのだるま
Takoyaki
Tiger chair
かわいい…
Tiny chair
≒2800
900
≒2500
≒1700
≒1600
900
≒3570
≒1800
coffee machine
toaster
R
kitchen
720
Bathroom
closet
plants
tiny chair
Dry Flower
table
chair × 4
TV table
tiger chair
Carpet
table
Book Shelf
Bambi cushion
mirror
plants
tiger
sofa
Balcony

青いラグの部屋

#27

1 マイルームのこだわりポイントは?

斜め前に公園があること。ものが少ないので散らからないこと。

2 お気に入りのアイテムは?

プレゼントでもらった青いラグ。抽選で
当たったカンディハウスの時計。

3 お気に入りの場所は?

電気を点けない休日午前中のベッドルーム窓際。

4 家での過ごし方は?(平日編)

ほとんど家にいないので寝るだけ。

5 家での過ごし方は?(休日編)

自分の好きなもの・こと(だけ)に囲まれて初めての一人暮らしを謳歌中。

6 マイルームのウィークポイントは?

シングルガラスなので暑くて寒い。

7 部屋選び・家づくりのマイルールは?

日当たりの良さ、立地の良さ(大阪・堀江エリア)、程よく古いこと。

8 次住むならどんな家?

旦那さんと狭小住宅設計中です。程よく質素で、散らか
しても気にならないナチュラルなゆるい家を設計してます。

— itoai room —

2012.03.22 visit

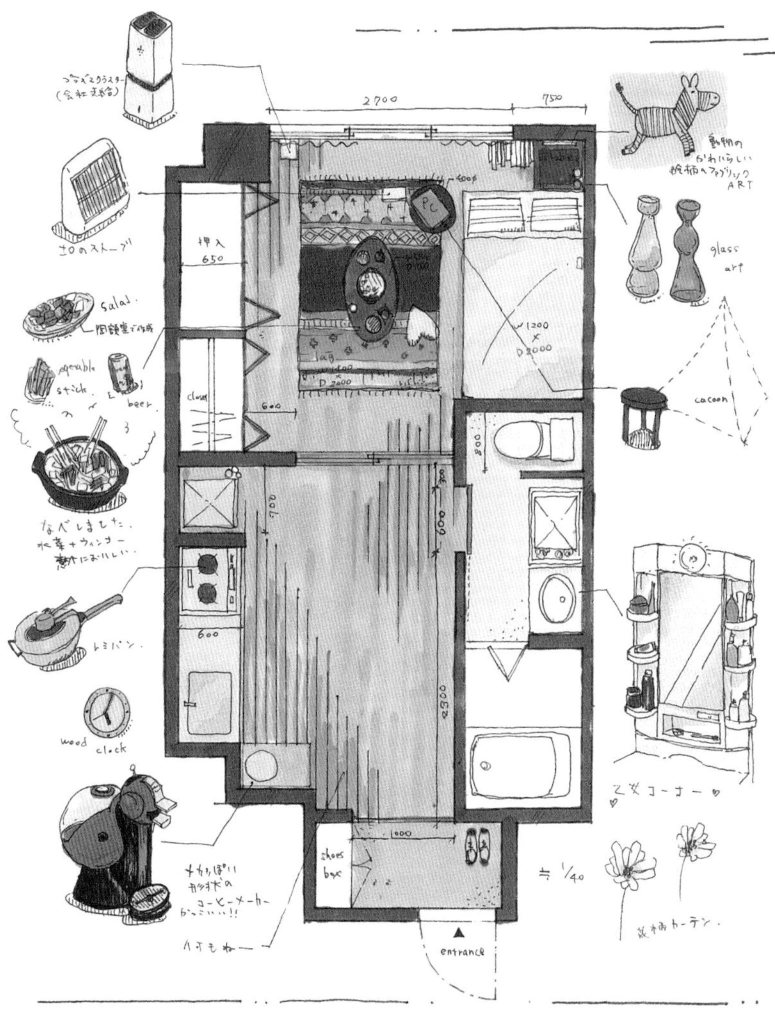

drawing
by imai

イケてるプリンスキャッスル #28

1 マイルームのこだわりポイントは？

シンプルにダイナミックに暮らす。

2 お気に入りのアイテムは？

別注製作したテレビボード。

3 お気に入りの場所は？

もちろん吹抜けのリビングエリアも大好きですが、一番心を癒してくれるのはお風呂です。以前は、バス+トイレのユニットバス。今回は、セパレートになったことに加え、テレビ、暖房、乾燥機、ミストサウナまでついた優れもの。水廻りの大切さを体感中です。

4 家での過ごし方は？（平日編）

ほとんど寝るだけでしたが、はじめてのUBミストサウナに癒されてます。

5 家での過ごし方は？（休日編）

プロジェクターの映像と音楽でノリノリしています。映画&音楽鑑賞。

6 マイルームのウィークポイントは？

ずばり採光と熱効率です。立地条件からすると仕方ないかもしれませんが、ビルが隣接していて直接日光が入るのは夏のひと時。豊かな空間との代償に、光熱費がかさんでいます。

7 部屋選び・家づくりのマイルールは？

まずは住みたいと思える街を見つけること。
あとはなるべくシンプルな内装と日当たり。

8 次住むならどんな家？

大きなバルコニーでバーベキューできそうな物件。

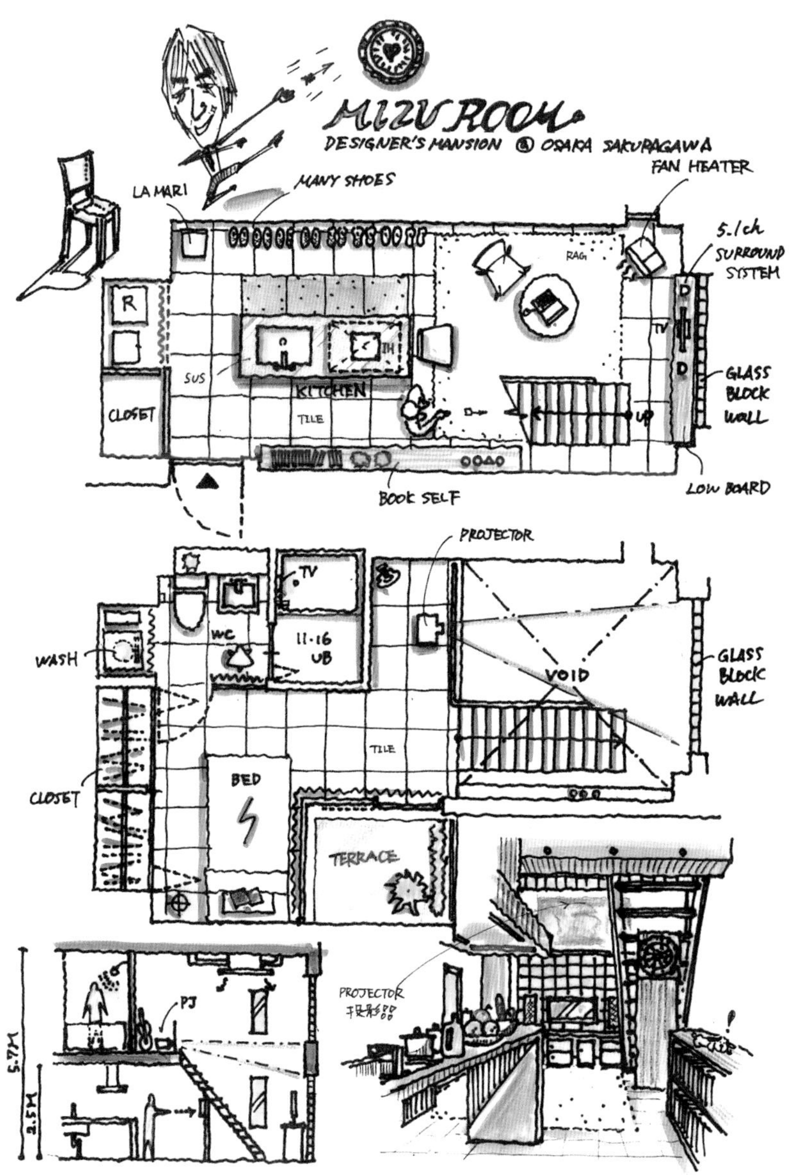

MIZU ROOM
DESIGNER'S MANSION @ OSAKA SAKURAGAWA
FAN HEATER
5.1ch SURROUND SYSTEM
LA MARI
MANY SHOES
RAG
R
TV
D
D
GLASS BLOCK WALL
SUS
IH
KITCHEN
TILE
CLOSET
UP
BOOK SELF
LOW BOARD
PROJECTOR
TV
WC
11·16 UB
WASH
VOID
GLASS BLOCK WALL
TILE
CLOSET
BED
TERRACE
PJ
5.7M
2.5M
PROJECTOR
投影器

和室とテラスがある家

#29

1 **マイルームのこだわりポイントは？**

余白。

2 **お気に入りのアイテムは？**

HAYのライスペーパー和紙照明。

3 **お気に入りの場所は？**

キャンプチェアに座って和室の壁にプロジェクター投影。

4 **家での過ごし方は？（平日編）**

金麦飲んで寝るだけ。

5 **家での過ごし方は？（休日編）**

和室でごろごろ。

6 **マイルームのウィークポイントは？**

西日が眩しすぎる。

7 **部屋選び・家づくりのマイルールは？**

自分がここで生活するイメージが湧く部屋を選ぶ。
トキメクものだけを置く。

8 **次住むならどんな家？**

せめて今と同じ広さ（50㎡以上）。

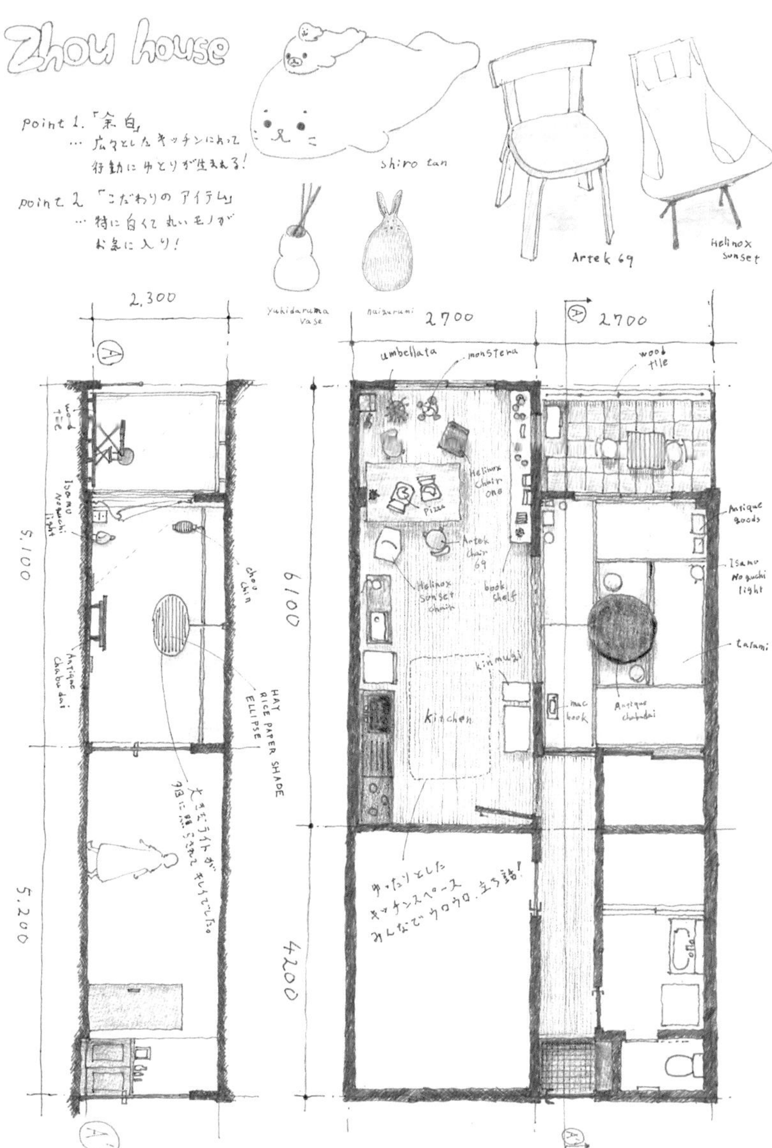
Zhou house
point 1. 「余白」
… 広々としたキッチンによって
行動にゆとりが生まれる!
point 2 「こだわりの アイテム」
… 特に白くて丸いモノが
お気に入り!
shiro tan
Artek 69
Helinox sunset
yukidaruma vase
2,300
2700
2700
umbellata
monstera
wood tile
Helinox Chair one
pizza
Artek chair 69
Helinox sunset chair
book shelf
kinmugi
kitchen
mac book
Antique goods
Isamu Noguchi light
tatami
Antique chabudai
5,100
5,200
6100
4200
chou chin
Antique chabudai
HAT RICE PAPER SHADE ELLIPSE
ゆったりとした
キッチンスペース
みんなでウロウロ、立ち話!

こだわり屋の部屋

#30

1 マイルームのこだわりポイントは？

ゆとりある一人暮らし生活。

2 お気に入りのアイテムは？

&TraditionのFlowerpotという照明と、ONDA CHAIR。
あと、ビッグサイズのコウモリラン。

3 お気に入りの場所は？

ソファの右端。

4 家での過ごし方は？（平日編）

夜遅く帰宅して、間接照明＋キャンドルでチルなナイトルーティーン。

5 家での過ごし方は？（休日編）

家事、植物の手入れ、テレビ録画を一気見。

6 マイルームのウィークポイントは？

窓からの景色が駐車場（抜けてるからいいけど…）。

7 部屋選び・家づくりのマイルールは？

日当たりと間取りの面白さ。

8 次住むならどんな家？

窓からの景色が良いところ。

TSUDANUMA HOUSE
KENGO. KOBAYASHI
Spotlight
3200
1550
3250
1180
3600
2180
camp
Bath Room
storage room
CL
Wash Room
SB
Dining & Kitchen
bespoke Mirror
book shelf
#renovation room
min CH 1792
0
1000
2000
Living & Bed room
balcony
OVERDYED LOUNGE CHAIR
FlowerPot VP9
akabeko
Cray Shoe horn
The Lantern
ONDA Chair
seven chair
SANAA Chair
Mil
CH 2320
morning routine
#yoga
ALMOST BEVERAGE
refrigerator items

都心の景色と暮らす部屋 #31

1 マイルームのこだわりポイントは？

東向きの窓一面の白いブラインド。部屋が明るく広く感じられるのと、部屋に落ちるブラインドの影もお気に入りです。

2 お気に入りのアイテムは？

Nordisk × Helinoxのキャンプチェア。気分で部屋のあちこちに移動させて座ってます。

3 お気に入りの場所は？

窓辺。景色が良いので、椅子を持ってきて佇んでます。

4 家での過ごし方は？（平日編）

朝は掃除と植物に水やり。夜はTVやNetflixを観ながら寝落ち（ほぼ毎日）。

5 家での過ごし方は？（休日編）

ほぼ家にいませんが、ゆっくりめに起きベッドでごろごろスマホをいじったり、音楽をかけながら家事をしたり、コーヒーを淹れてぼーっとする時間が好きです。

6 マイルームのウィークポイントは？

冬が寒い。築50年以上のマンションなので断熱性能が良くない。

7 部屋選び・家づくりのマイルールは？

日当たり、レイアウトの幅がある部屋の形、部屋に入った瞬間の直感！本当に欲しいものしか買わない。

8 次住むならどんな家？

空の広さが感じられ、バルコニーがある開放感のある家。

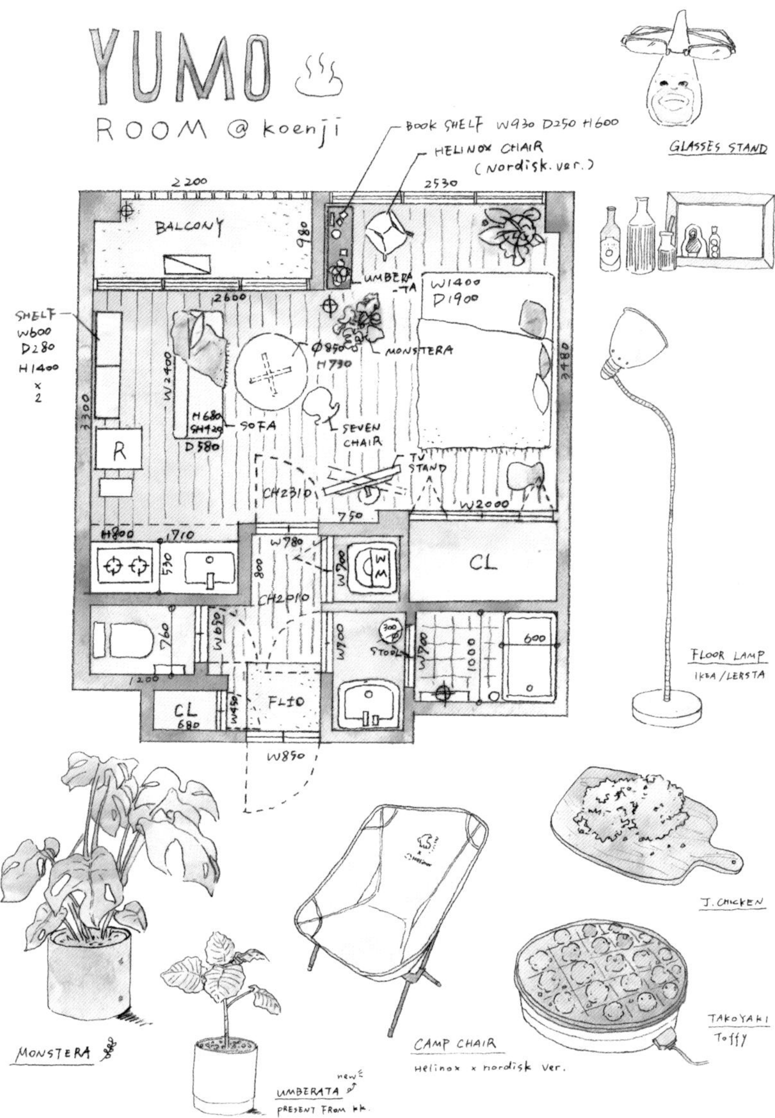
YUMO
ROOM @ koenji
BOOK SHELF W930 D250 H600
HELINOX CHAIR (nordisk. ver.)
GLASSES STAND
2200
2530
BALCONY
980
UMBERA-TA
W1400 D1900
2600
SHELF W600 D280 H1400 x 2
Ø850 H730
MONSTERA
W2400
3480
3300
H680 SH420 D580
SOFA
SEVEN CHAIR
R
TV STAND
CH2310
W2000
750
H800
1710
W780
CL
530
800
W700
WM
CH2010
FLOOR LAMP
IKEA / LERSTA
760
W650
W700
300
STOOL
W700
1000
600
1200
CL
680
W450
FL10
W850
J. CHICKEN
TAKOYAKI
Toffy
CAMP CHAIR
Helinox x nordisk Ver.
MONSTERA
new
UMBERATA
PRESENT FROM KK.

\#32 はじまりの住処

1 マイルームのこだわりポイントは？
極小のワンルーム。

2 お気に入りのアイテムは？
先輩から借りパクしたベース。

3 お気に入りの場所は？
右隅の角のTVコーナー。

4 家での過ごし方は？（平日編）
ほぼ寝に帰る。

5 家での過ごし方は？（休日編）
ゴロゴロしながらTVを見ている。

6 マイルームのウィークポイントは？
ホコリアレルギーの友人が来た時は大変？

7 部屋選び・家づくりのマイルールは？
広い庭・テラスがあり、開放感がある家が理想。

8 次住むならどんな家？
郊外の吹抜けがある一軒家。

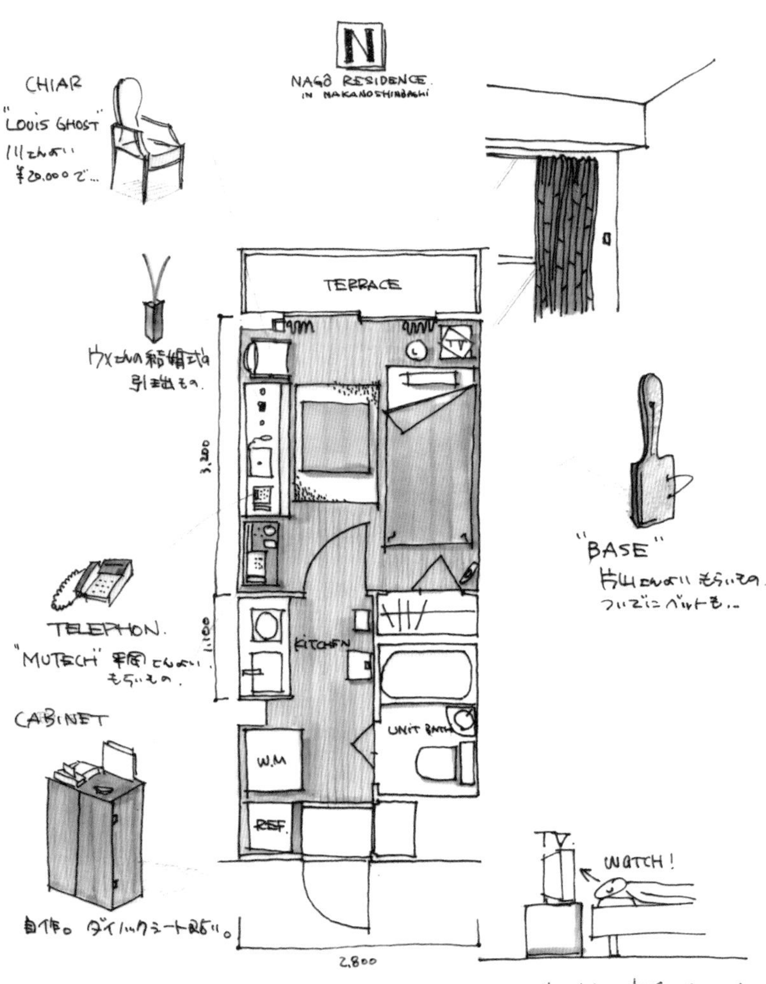
N
NAGO RESIDENCE.
IN NAKANOSHIMBASHI
CHIAR
"LOUIS GHOST"
川さんより
¥20,000で…
ウメさんの結婚式の
引出もの.
TERRACE
TV
KITCHEN
UNIT BATH
W.M
REF.
3,200
1,100
2,800
"BASE"
片山さんより もらいもの.
ついでにベルトも…
TELEPHON.
"MUTECH" 平岡さんより.
もらいもの.
CABINET
自作。ダイノックシート貼り。
T.V.
WATCH!
テレビとベットの関係がスゴイ!
えび反りになって見ているらしい..

DESIGNER'S CHOICE 椅子編

デザイナーたちのお気に入りのチェアベスト3はこちら！

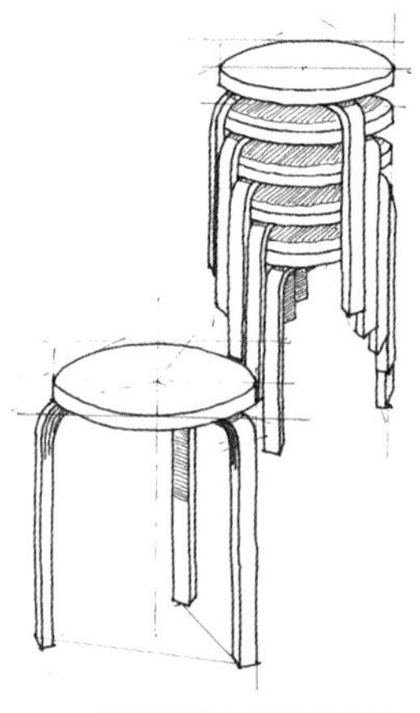

No. 1

アルテックを象徴するアルヴァ・アアルトの名作。あらゆる環境に調和する普遍的なデザインとカラーバリエーションが魅力的なスツール。サイドテーブル、ディスプレイ台など幅広い使い方ができる汎用性の高い「スツール60」が1番人気のチェアでした！

No. 2

2位はハンスJ.ウェグナーのデザインによる不朽の名作、「Yチェア」と愛称される「CH24」。やわらかな曲線の美しさはどんな空間にも相性がよく、その座り心地の良さは特に高い支持を得ています。

No. 3

北欧家具のアイコン的存在、アルネ・ヤコブセンの名作「セブンチェア」が僅差で3位。成形合板の曲線が美しいタイムレスなこのチェアは30年愛用している人もいます！

2人暮らし

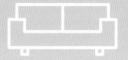

Room for Two

アウトドア夫婦の住処

#33

1 マイルームのこだわりポイントは？

10年前に自作で組んだ、ホームインテグレーション設備。入り口の建具にiPadを埋め込んでいて呼び鈴を兼ねています。家電や床暖房、給湯もiPhoneで遠隔操作できる。プランのこだわりは回遊性を意識した水廻りのプラン。L字プランのお風呂。キッチンカウンターは手作りです。

2 お気に入りのアイテムは？

手作りの家具たち。物が増える度に収納家具も自作している。

3 お気に入りの場所は？

ソファ。主人と取り合いになります。

4 家での過ごし方は？（平日編）

ソファに寝転がってテレビ鑑賞。

5 家での過ごし方は？（休日編）

音楽を聴きながら、マキネッタで作ったエスプレッソでカフェラテを作って飲んで悦ってます。というのは半分嘘で、ソファの上でゴロゴロしかしていません（笑）。

6 マイルームのウィークポイントは？

ワンルームなので、1人になれる場所がない。常に仲良くしていないといけません。喧嘩したら終わりです。

7 部屋選び・家づくりのマイルールは？

インテリアの差し色（緑色系、植栽含め）は全体の10％ぐらいに抑えています。

8 次住むならどんな家？

縁側がある家。サマーウォーズの陣内家みたいなのが良い。または海沿いの崖地に佇む絶景の家。

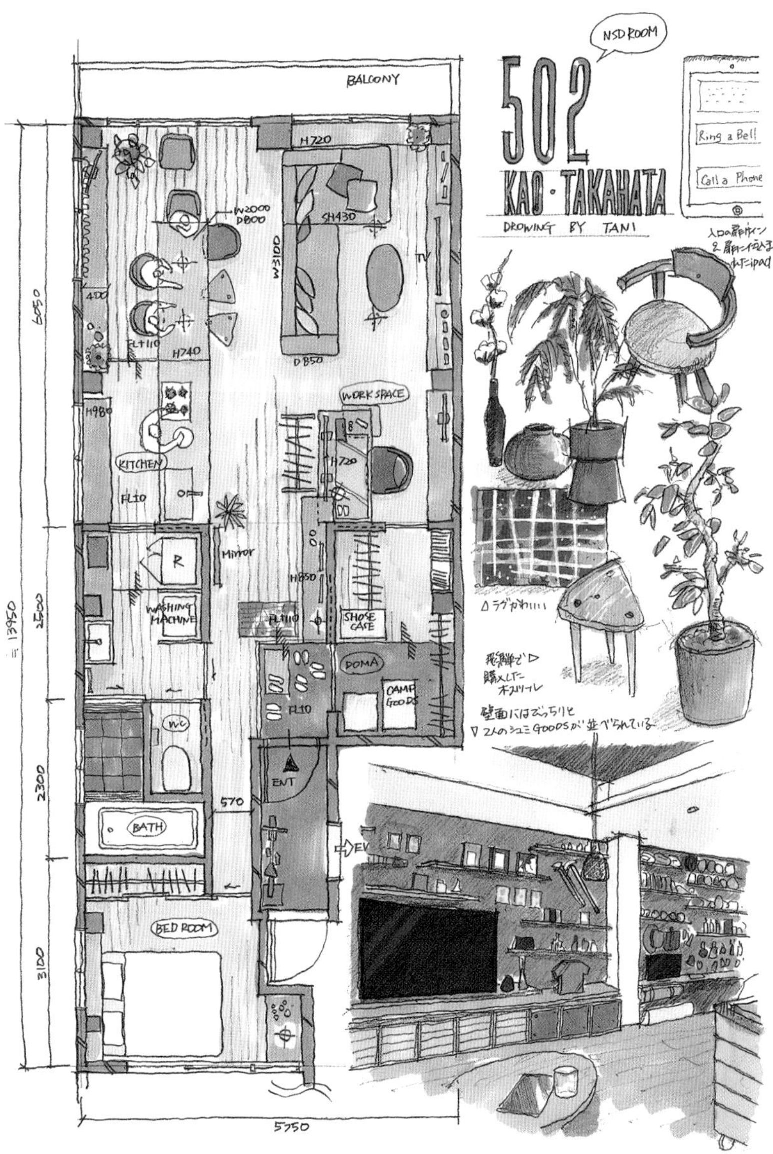
NSD ROOM
502
KAO・TAKAHATA
DROWING BY TANI
Ring a Bell
Call a Phone
入口の扉デザイン
2扉に仕込まれたipad
△ラグがかわいい
飛騨で▷
購入した
木スツール
壁面にはびっちりと
▽2人のシュミGOODSが並べられている
BALCONY
H720
W2000
D800
SH430
W3100
TV
400
FL+110
H740
D850
H980
KITCHEN
FL10
WORK SPACE
H720
R
Mirror
WASHING MACHINE
H850
FL+110
SHOSE CASE
DOMA
CAMP GOODS
FL10
WC
ENT
570
BATH
EV
BED ROOM
6050
2500
2300
3100
=13950
5750

湘南ベース

#34

1 マイルームのこだわりポイントは？
DIYによる家具たち。

2 お気に入りのアイテムは？
“トリコロールカラーの”サーフボード。

3 お気に入りの場所は？
ラグの上。ダラ～っとしてます。

4 家での過ごし方は？（平日編）
基本寝てます。

5 家での過ごし方は？（休日編）
基本寝てます。

6 マイルームのウィークポイントは？
湘南ということもあり、ベランダのもの、
自転車など外にあるものはすぐ錆びます。

7 部屋選び・家づくりのマイルールは？
少し古め。

8 次住むならどんな家？
小さな一軒家。

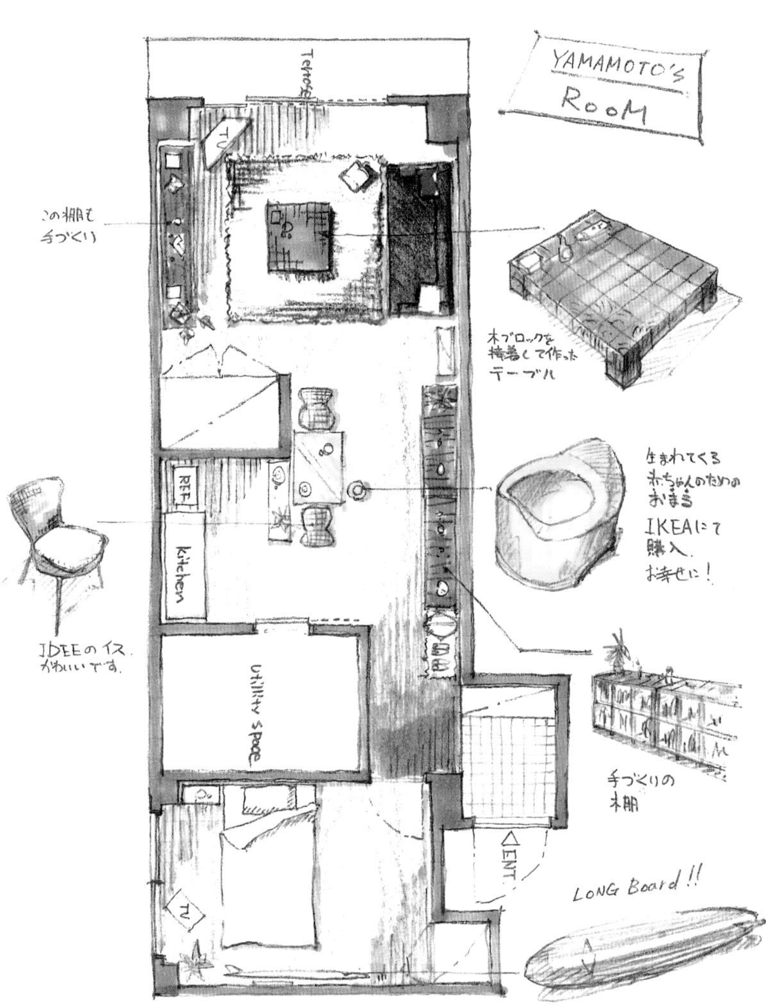
YAMAMOTO's
RooM
Terrace
TV
この棚も
手づくり
木ブロックを
接着して作った
テーブル
REF
kitchen
生まれてくる
赤ちゃんのための
おまる
IKEAにて
購入.
お幸せに!
IDEEのイス.
かわいいです.
utility space
手づくりの
木棚
ENT
TV
LONG Board !!

愛猫家のダンディハウス　#35

1 マイルームのこだわりポイントは？

家具のカラースキームをある程度調整し、グリーンとともに居心地の良い空間を目指すこと。

2 お気に入りのアイテムは？

ヘッドレストのついたＬ型ソファ。

3 お気に入りの場所は？

階段。側壁が本棚兼ディスプレイ棚になっていて、日当たりも良いからです。

4 家での過ごし方は？（平日編）

リビングで在宅ワークをするシーンも多くなりました。あとは緑の管理と溜まったビデオを観ています。

5 家での過ごし方は？（休日編）

猫とごろごろして、お掃除とネットTVでドラマ＆映画を観ています。

6 マイルームのウィークポイントは？

ウッドブラインドのため、リビングの窓側が寒い。ドレープ＋レースカーテンの機能性の良さを痛感します。

7 部屋選び・家づくりのマイルールは？

内装に癖がなくシンプルであること。日当たり。周辺を歩いてみて街の雰囲気を気に入るかどうかを大切にしています。

8 次住むならどんな家？

しっかりと和を感じる日本家屋で庭いじりとかいいですね。

MIZUHARA HOUSE IN ITAMI

2020.02.02 drawing by OKUNO

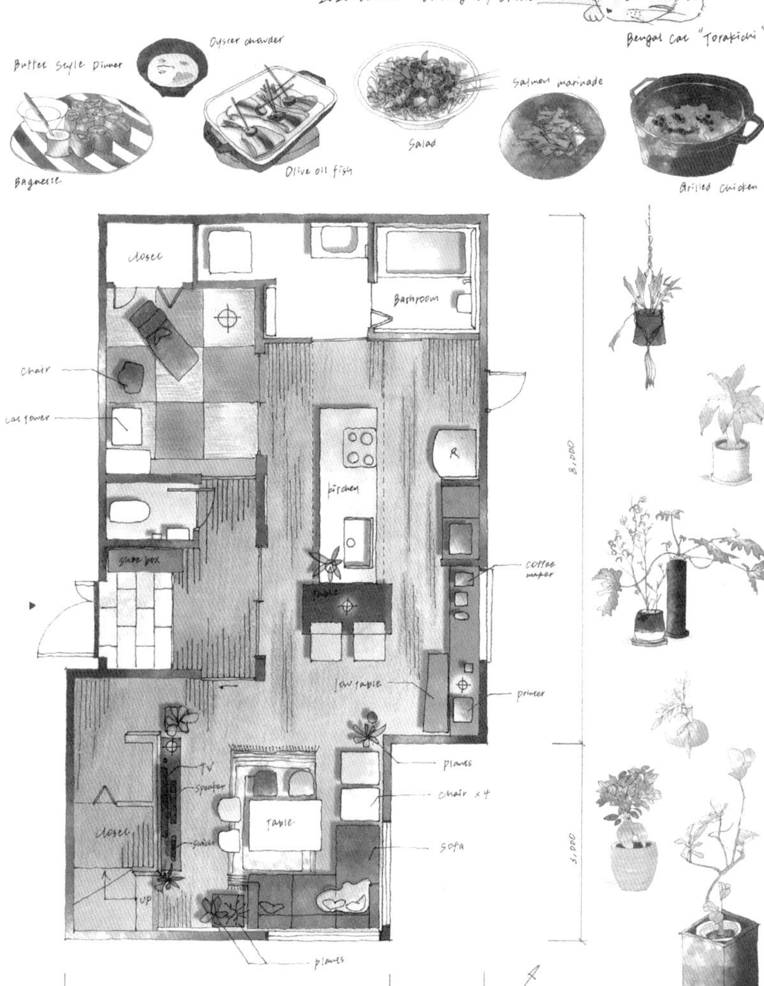

チェアコレクターハウス

#36

1 マイルームのこだわりポイントは？

少しずつ増えていくお気に入りの椅子たち。

2 お気に入りのアイテムは？

アルフレックスのNTチェア。

3 お気に入りの場所は？

ダイニングルーム。目の前に広がる公園を見下ろせるので、毎日ピクニック気分の食卓です。

4 家での過ごし方は？（平日編）

YouTubeウォッチング。

5 家での過ごし方は？（休日編）

ベランピング（ベランダ＋グランピング）。

6 マイルームのウィークポイントは？

寝室にエアコンが無い。

7 部屋選び・家づくりのマイルールは？

広く、安く、景色が良いこと。

8 次住むならどんな家？

大型犬の飼える大きな家。

SUGANO HOUSE
& KAHORI さん
@ICHIKAWA
2019.06.29
守り神?
WING ROTONDO
FOOD
焼き
PRINCESS製
アサリの酒蒸し
スガノさん実家から送られてきたそうめん
揖保の糸
牛肉の赤ワイン煮.
美大時代の伝説メニュー
りんごのコンポート
隠し味は、↑の煮汁
GREEN
ウンベラータ
プロポーション調整中。
アスパラガス
エバーフレッシュ
ガジュマル
ドラセナ…?
BATH ROOM
BED ROOM
0
5M
CHAIR COLLECTION
小5からのつきあい
ELEGA
STABLE
EAMES
OLIVIA
NT
??

#37 北欧家具と愛犬ジジの家

1 マイルームのこだわりポイントは？

シンプルになりすぎないように家具、雑貨、植物で彩りを取り入れています。

2 お気に入りのアイテムは？

コツコツ収集している陶器製のアニマルフィギュアたち。

3 お気に入りの場所は？

キッチン。TVを観ながらのんびりと料理できるプランがお気に入りです。ご飯をつくっているときはジジが隣で“何かくれ”と圧力をかけてきます。

4 家での過ごし方は？（平日編）

週の半分以上ソファで寝落ちしています。

5 家での過ごし方は？（休日編）

ジジとおもちゃで遊んだり、マクド片手に映画やNBAの試合を観たりしています。

6 マイルームのウィークポイントは？

収納が全然足りない。

7 部屋選び・家づくりのマイルールは？

綺麗に整理整頓するというよりはインテリアや雑貨をごちゃごちゃ置いても良い感じに見えるように心掛けてます。

8 次住むならどんな家？

やはり一軒家に住みたいです。窓から外を眺めた時に高層からの眺めより、地面や木々、生き物が見えている方が安心しますし楽しいです（実家が一軒家なので…）。

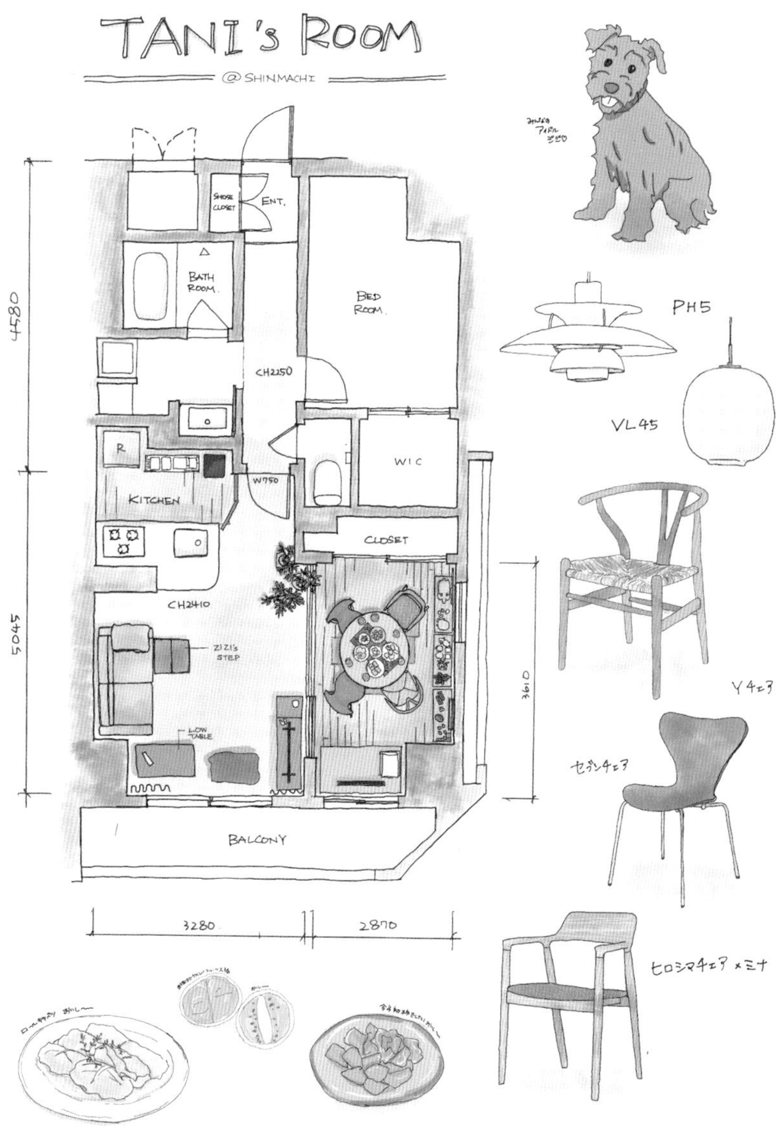

TANI's ROOM
@SHINMACHI
SHOE CLOSET
ENT.
BATH ROOM.
BED ROOM.
CH2250
R
W750
WIC
KITCHEN
CLOSET
CH2410
ZIZI's STEP
LOW TABLE
BALCONY
4580
5045
3610
3280
2870
みんなのアイドル
ジジ♡
PH5
VL45
Yチェア
セブンチェア
ヒロシマチェア×ミナ
ロールキャベツ おいし〜
おいし〜
今年初柿でした! おいし〜

スカイツリーが見える部屋 #38

1 マイルームのこだわりポイントは?

特大ワンルーム。

2 お気に入りのアイテムは?

ハートコーンチェア。

3 お気に入りの場所は?

押上ということで、間近に東京スカイツリー、
墨田川花火が見れるベランダ。

4 家での過ごし方は?(平日編)

ほぼ寝に帰る。

5 家での過ごし方は?(休日編)

たまに昼飯を作り、TVを観ています。

6 マイルームのウィークポイントは?

でかいワンルームに憧れてここを借りました。
実際住んでみると広くて良いのですが、寝室まで、
光・音・ニオイの全てが行き渡ってしまいます。

7 部屋選び・家づくりのマイルールは?

広い庭・テラスがあり、開放感がある家が理想。

8 次住むならどんな家?

郊外の吹抜けがある一軒家。

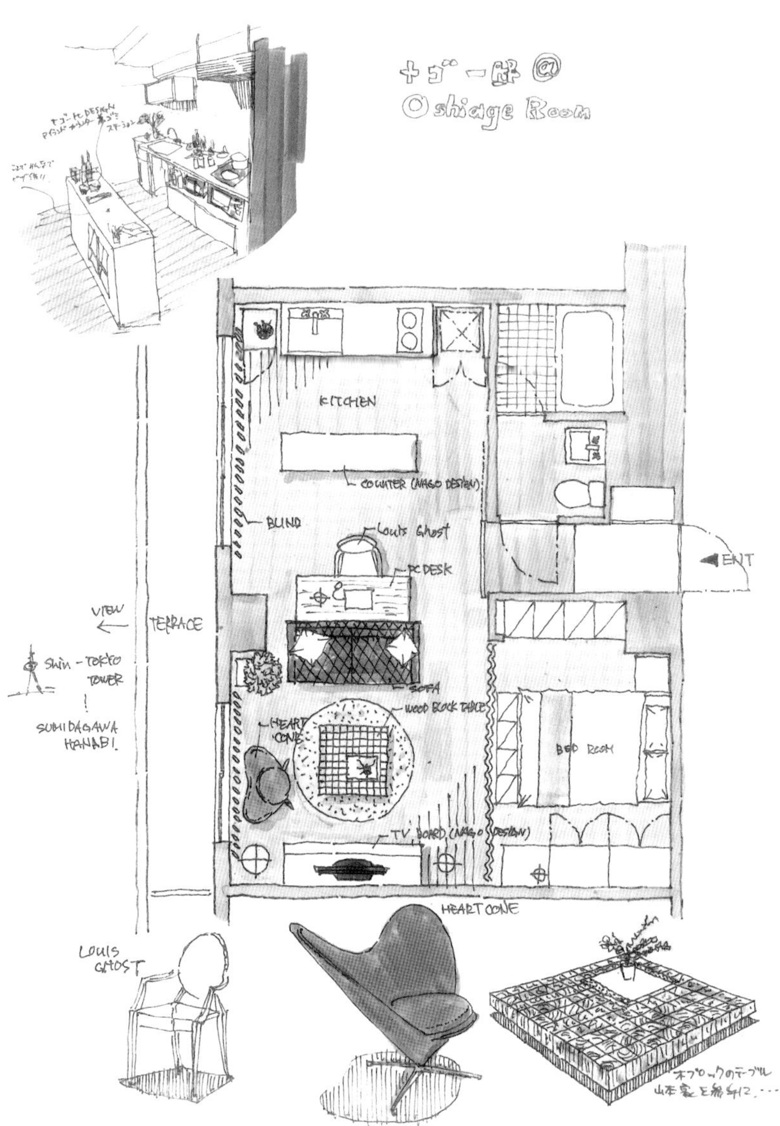
ナゴー邸 @
Oshiage Room
KITCHEN
COUNTER (NAGO DESIGN)
BLIND
Louis Ghost
PC DESK
SOFA
WOOD BLOCK TABLE
HEART CONE
TV BOARD (NAGO DESIGN)
BED ROOM
ENT
VIEW
TERRACE
Shin-TOKEO TOWER
SUMIDAGAWA HANABI
HEART CONE
LOUIS GHOST
木ブロックのテーブル

酒蔵の家

#39

Room for Two

1 マイルームのこだわりポイントは？

秋田県より移築された酒蔵で独特の雰囲気がある。

2 お気に入りのアイテムは？

ストーブ。

3 お気に入りの場所は？

居間の中央にある掘りごたつ式の大テーブル（詰めれば12人は座れる）。食事をしたり、仕事をしたり、雑誌や本を読んだり、何をしても許容範囲内。1人で居る時も2人で居る時も基本はそこに座って過ごしています。あとは、2坪程の小さな庭。

4 家での過ごし方は？（平日編）

大テーブルで食事。

5 家での過ごし方は？（休日編）

庭でブランチ。

6 マイルームのウィークポイントは？

玄関扉が天然木1枚板のため伸縮自在（汗）。雨の日や冬の乾燥時期には扉が反って閉め辛かったり、時には鍵が閉められないことも…。文化財的な外観を守るため室外機が置けない。すなわち冷房がない。

7 部屋選び・家づくりのマイルールは？

都心の喧騒から離れ身体のON/OFFがしっかりできる立地。住んでみたいと興味が湧く空間。

8 次住むならどんな家？

冷房がある家。

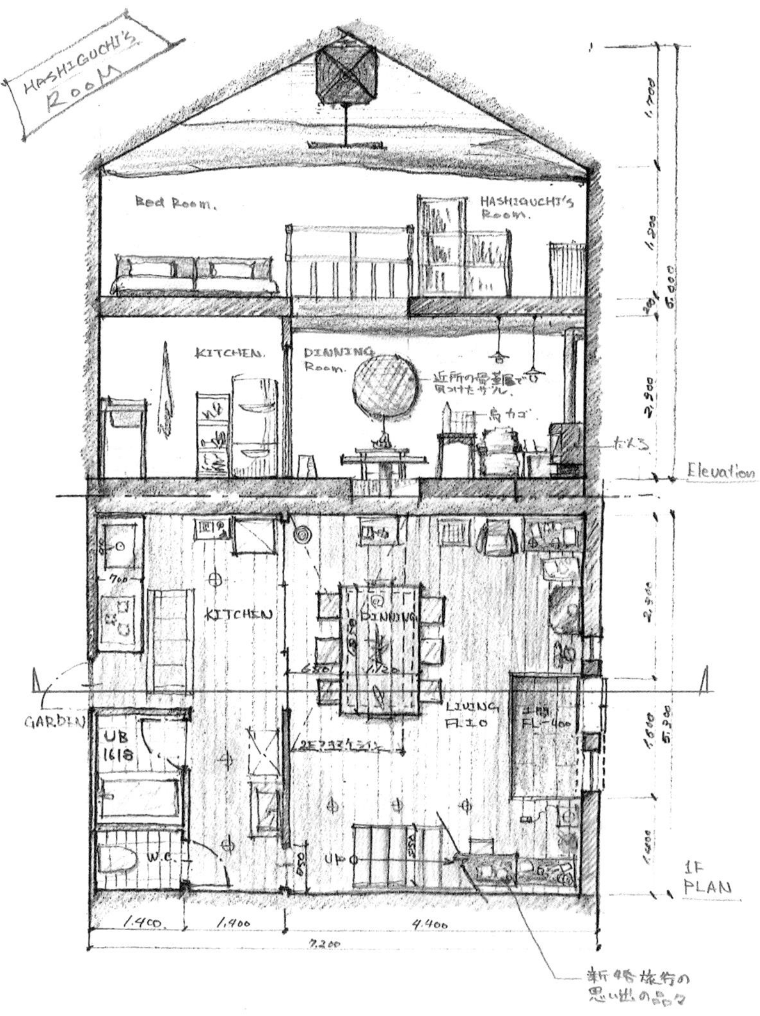

HASHIGUCHI'S ROOM
Bed Room.
HASHIGUCHI'S Room.
KITCHEN.
DINNING Room.
近所の骨董屋で見つけたサクル。
鳥カゴ
Elevation
KITCHEN
DINNING
LIVING FL±0
FL−400
GARDEN
UB 1618
W.C.
UP
1F PLAN
1,400.
1,400
4,400
7,200
新婚旅行の思い出の品々

ひとつなぎのワンルーム #40

1 マイルームのこだわりポイントは？

レイアウトです。寝室と浴室洗面所が隣接して便利なのがポイントです。

2 お気に入りのアイテムは？

イラストにもある地球儀。小さくて目立たないのでずっと置いとけます。

3 お気に入りの場所は？

ソファとテーブルの間（400mmくらい）の隙間。ソファで横になってウトウトしているうちに入り込んでそのまま寝落ちします。

4 家での過ごし方は？（平日編）

平日はほとんど仕事から帰って、寝て、また朝出て行っての繰り返しです。

5 家での過ごし方は？（休日編）

ソファでダラダラ横になってます。

6 マイルームのウィークポイントは？

プライベートスペースがほぼ皆無なこと。たまにリビングの窓から隣接している介護施設の老人と目が合ってドキッとすること。大阪市内にもかかわらず夜に近くの畑でカエルが大合唱すること。

7 部屋選び・家づくりのマイルールは？

駅近、日当たり、南大阪エリア（コスパが良い）。

8 次住むならどんな家？

3LDKの築浅の中古マンション。

OKA'S HOUSE

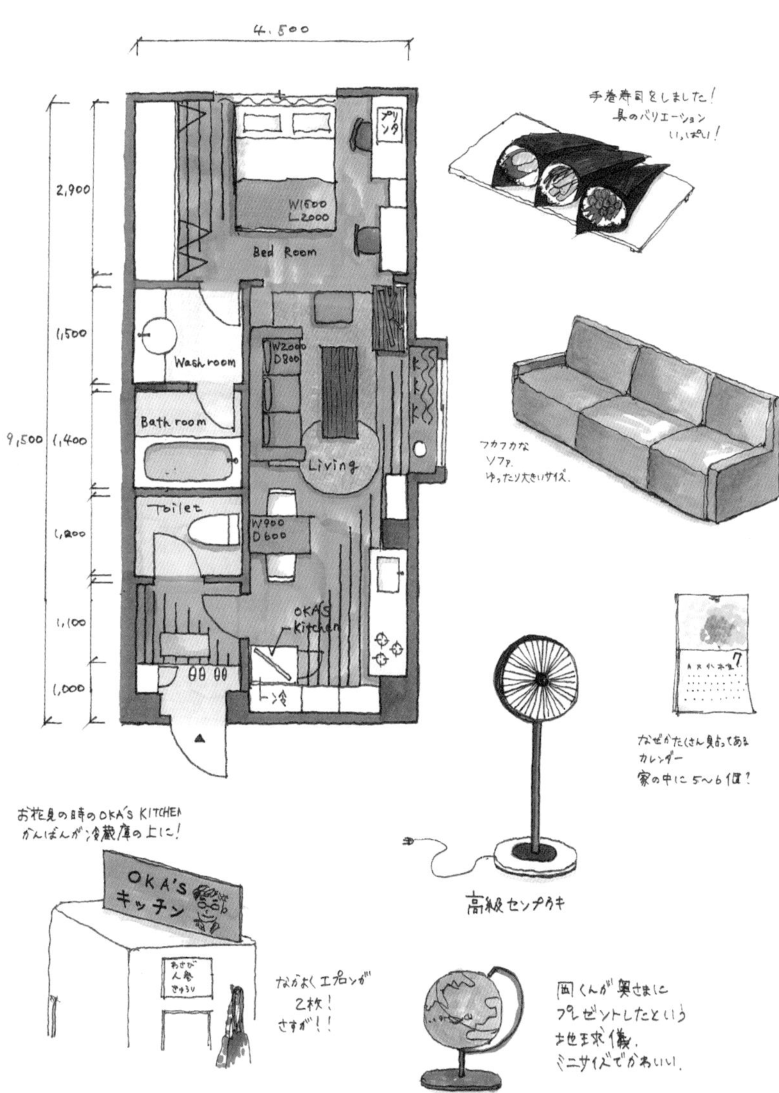

4,500
9,500
2,900
1,500
1,400
1,200
1,100
1,000
プリンタ
W1500
L2000
Bed Room
W2000
D800
Washroom
Bath room
Living
Toilet
W900
D600
OKA'S
Kitchen
冷
手巻寿司をしました!
具のバリエーション
いっぱい!
フカフカな
ソファ.
ゆったり大きいサイズ.
なぜかたくさん貼ってある
カレンダー
家の中に5〜6個?
高級センプウキ
お花見の時のOKA'S KITCHEN
かんばんが冷蔵庫の上に!
OKA'S
キッチン
わさび
人参
きゅうり
なかよくエプロンが
2枚!
さすが!!
岡くんが奥さまに
プレゼントしたという
地球儀.
ミニサイズでかわいい.

心地よいこだわりの部屋

#41

Room for Two

1 マイルームのこだわりポイントは？

できるだけすっきりして見えるよう、背の高い家具は置かないことや、家具の色味を合わせるなど心がけてます。

2 お気に入りのアイテムは？

ソファ。この家に引っ越してきたタイミングで人生で初めてソファを買いましたが、せっかくなので世界最高傑作の一つとも言われる、カッシーナのマラルンガにしました。

3 お気に入りの場所は？

リビング。窓際のエバーフレッシュが癒しです。

4 家での過ごし方は？（平日編）

起きている時間はソファで過ごしていることが多いです。

5 家での過ごし方は？（休日編）

料理を作ったり、Netflixを観たり。

6 マイルームのウィークポイントは？

古いマンション（私と同い年）なので、上階の音が気になること。

7 部屋選び・家づくりのマイルールは？

賃貸ですが、できるだけシンプルなデザインの家を選びます。

8 次住むならどんな家？

次は自分でデザインした家に住みたいです。

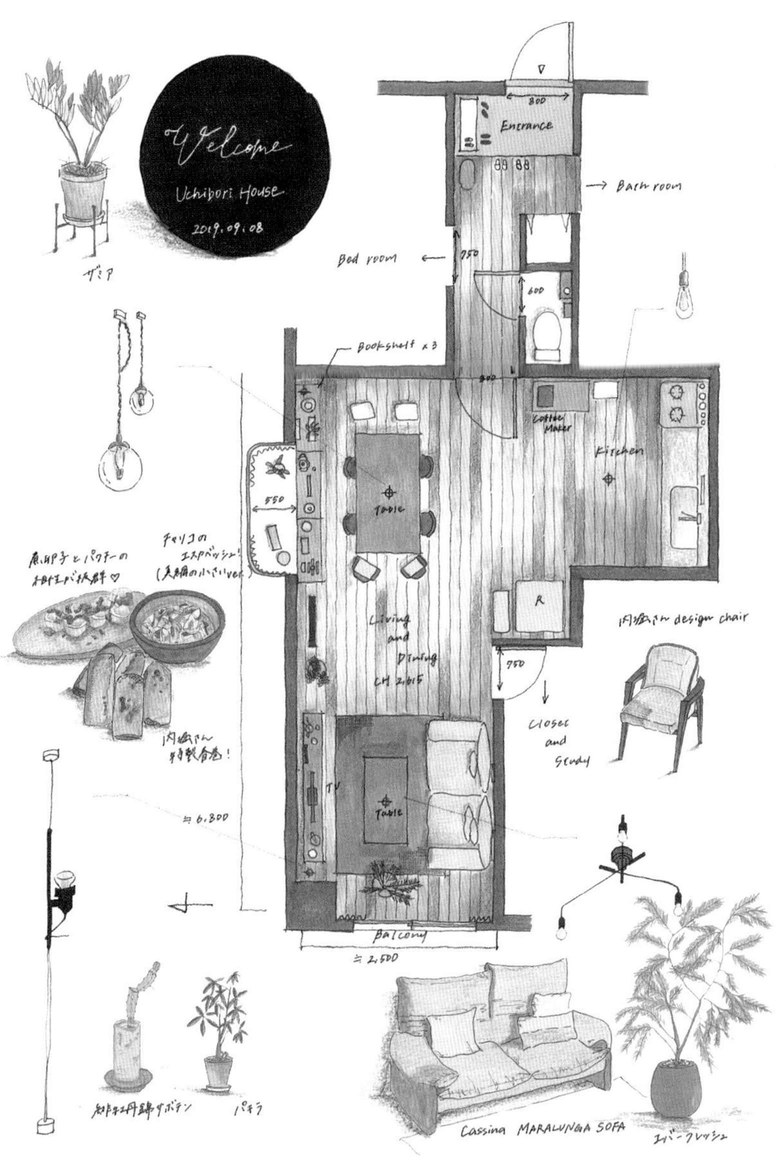
Welcome
Uchibori House
2019.09.08
ザミア
800
Entrance
→ Bath room
Bed room ←
750
600
Bookshelf ×3
800
Coffee Maker
Kitchen
550
Table
チャリコの
エスカベッシュ！
(大鍋の小さいver.)
唐辛子とパクチーの
相性が抜群♡
Living and Dining
CH 2,615
R
750
内堀さん design chair
Closet and Study
内堀さん
特製春巻！
TV
Table
≒6,300
Balcony
≒2,500
緋牡丹錦サボテン
パキラ
Cassina MARALUNGA SOFA
エバーフレッシュ

TATAMIのある部屋

42

1 マイルームのこだわりポイントは？
景色の良いリビング。

2 お気に入りのアイテムは？
寝椅子付きのソファ。

3 お気に入りの場所は？
ソファの上。小さな天守閣です。

4 家での過ごし方は？（平日編）
仕事から帰るとソファでビールタイム。

5 家での過ごし方は？（休日編）
テーブルを囲んでホームパーティー。

6 マイルームのウィークポイントは？
今はちょうど良いですが、子供ができたりしたら狭いかも。

7 部屋選び・家づくりのマイルールは？
景色が良くて、明るく清潔であること。

8 次住むならどんな家？
自分が設計した家！

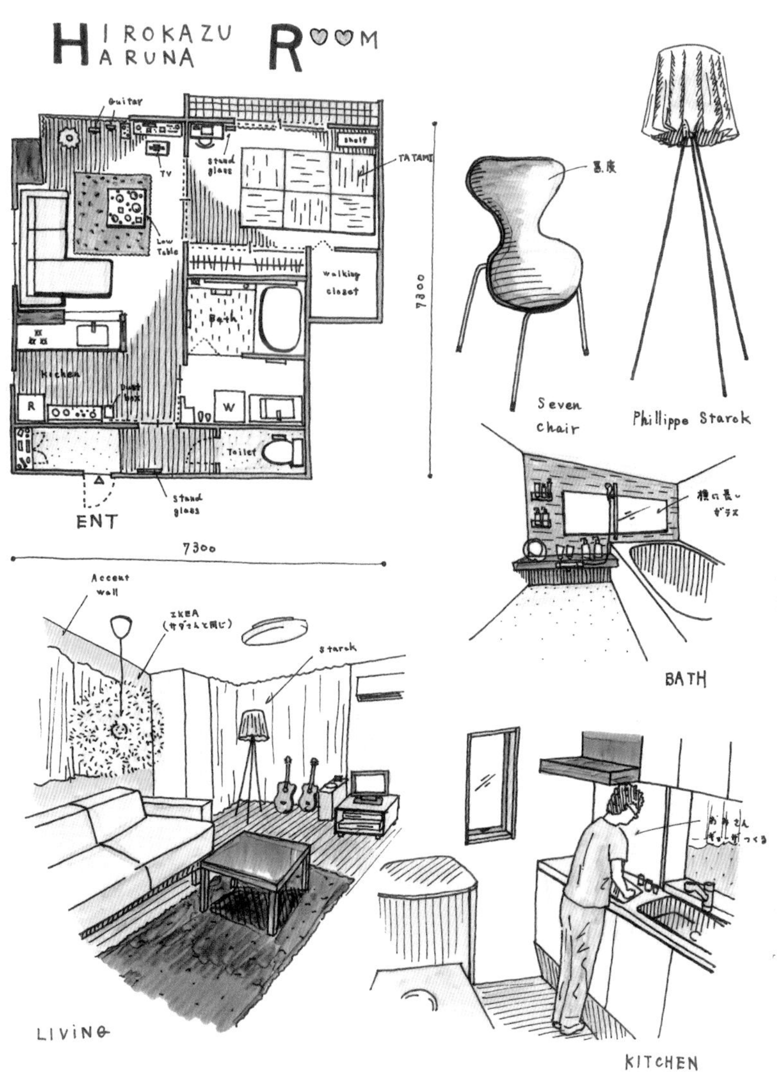
HIROKAZU HARUNA ROOM
Guitar
TV
stand glass
shelf
TATAMI
Low Table
walking closet
Bath
kitchen
Dust box
R
W
Toilet
stand glass
ENT
7300
7300
黒.皮
Seven chair
Phillippe Starck
横に長い
ガラス
BATH
Accent wall
IKEA
(サダさんと同じ)
starck
LIVING
お姉さん
つくる
KITCHEN

2015. 02. 02 ueno

太陽の塔が見える部屋

#43

1 マイルームのこだわりポイントは？

全部屋フローリング（猫飼いにはメンテのしやすい内装は大事）。

2 お気に入りのアイテムは？

趣味のバイク。

3 お気に入りの場所は？

仕事部屋という名の趣味の部屋。

4 家での過ごし方は？（平日編）

仕事から帰ると居間兼食堂で寝るまで猫と遊んでます。

5 家での過ごし方は？（休日編）

晴れた日は釣りかバイクで、雨の日や寒い日は趣味の部屋に埋没してます。

6 マイルームのウィークポイントは？

共用部の階段が狭く、エレベーターが
偶数階しか止まらない（我が家は5階）。

7 部屋選び・家づくりのマイルールは？

こだわりのある部分を除いて100%を求めない。

8 次住むならどんな家？

海辺の一軒屋。

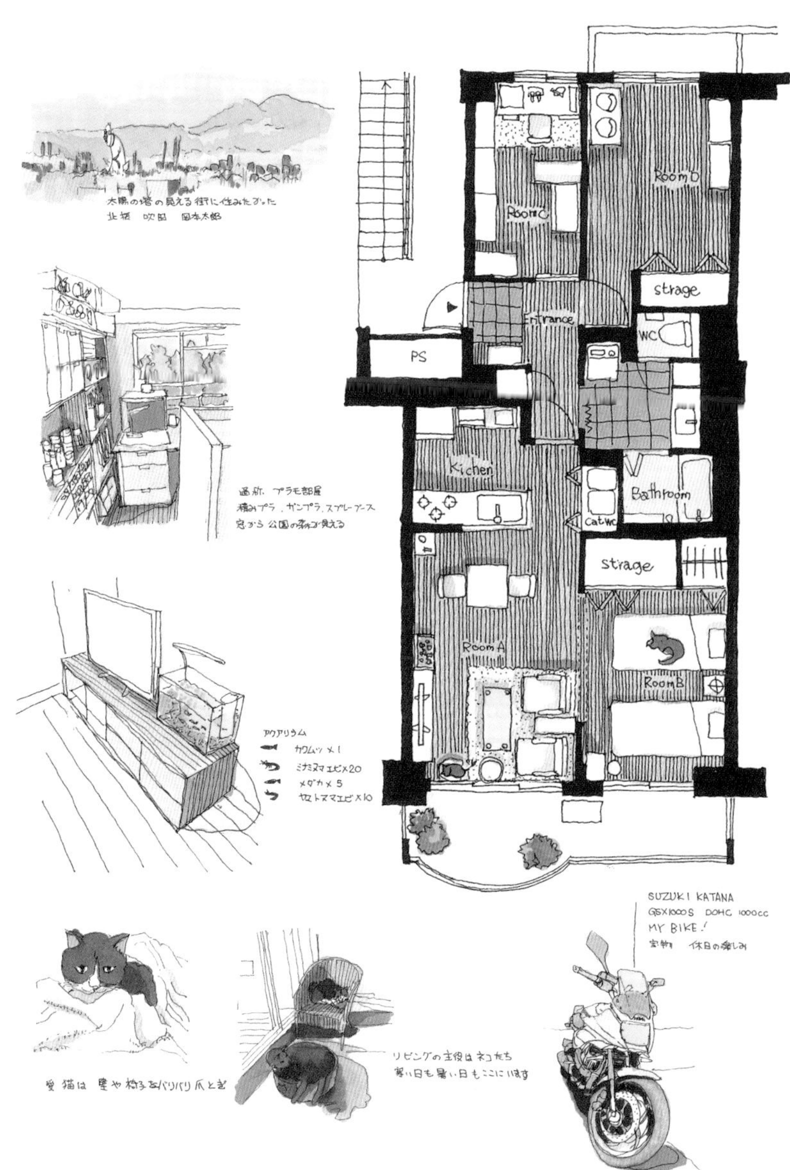
太陽の塔の見える街に住みたかった
北摂　吹田　岡本太郎
通称、プラモ部屋
積みプラ、ガンプラ、スプレーブース
窓から公園の森が見える
アクアリウム
カワムツ×1
ミナミヌマエビ×20
メダカ×5
ヤマトヌマエビ×10
Room D
Room C
strage
Entrance
PS
WC
Kichen
Bathroom
Cat WC
strage
Room A
Room B
SUZUKI KATANA
GSX1000S DOHC 1000cc
MY BIKE!
宝物　休日の楽しみ
愛猫は　壁や椅子をバリバリ爪とぎ
リビングの主役はネコたち
寒い日も暑い日もここにいます

偏愛的趣味の部屋2

44

1 マイルームのこだわりポイントは？

都内だが家賃が比較的安く、上下階の移動のない点。

2 お気に入りのアイテムは？

白く幅の広いデスク。作業がしやすいので。

3 お気に入りの場所は？

日が良く当たる居間が気持ち良く、iPadを片手にソファで過ごしている。

4 家での過ごし方は？（平日編）

iPadに入っているアプリのボードゲーム。「囲碁」「将棋」「麻雀」「チェス」「オセロ」「ブリッジ」「バックギャモン」など。

5 家での過ごし方は？（休日編）

iPadアプリのボードゲーム「囲碁」「将棋」「麻雀」「チェス」「オセロ」「ブリッジ」「バックギャモン」など。家にいるときは平日とあまり変わりません。

6 マイルームのウィークポイントは？

間取りがつまんないなあ…。

7 部屋選び・家づくりのマイルールは？

マンションによくある普通のプランなので、機能性だけは考える。

8 次住むならどんな家？

一戸建ての箱のような形で、とにかくシンプルで必要なもの以外何もない空間が理想。たぶん汚すと思うが…プランと模型はよく作っている。

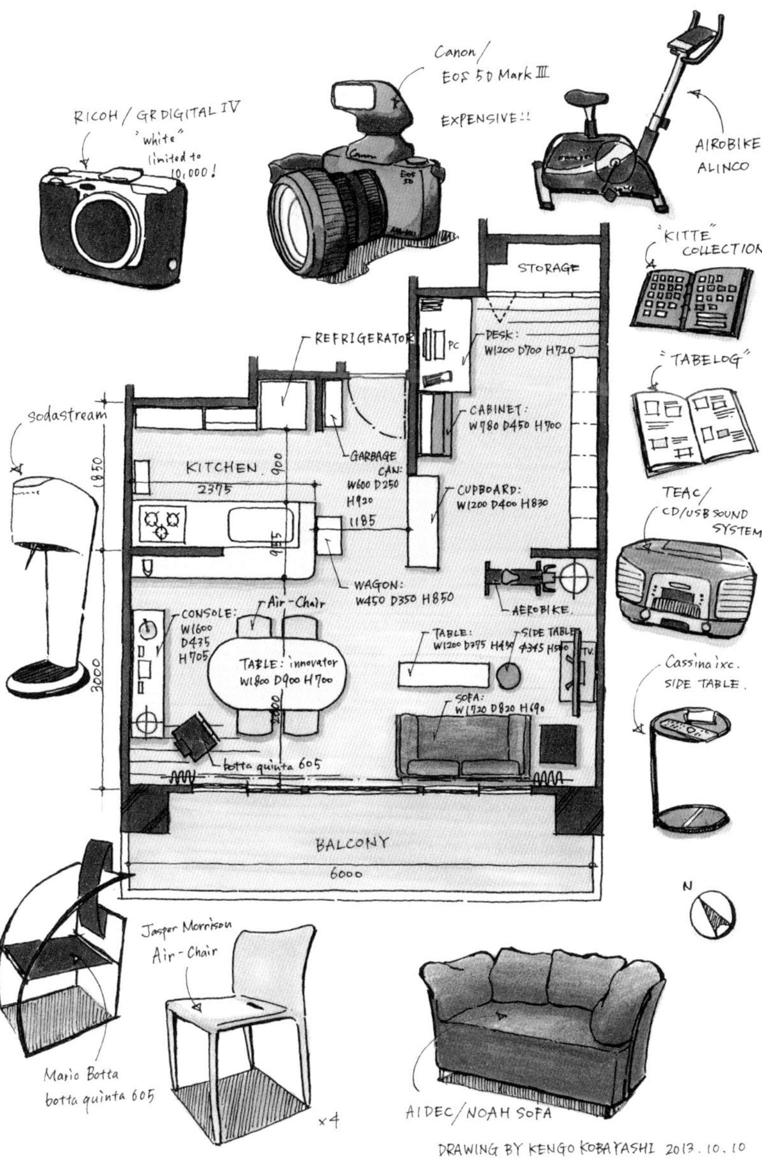
RICOH / GR DIGITAL IV
"white"
limited to 10,000!
Canon / EOS 5D Mark III
EXPENSIVE!!
AIROBIKE
ALINCO
"KITTE" COLLECTION
"TABELOG"
TEAC / CD/USB SOUND SYSTEM
Cassina ixc. SIDE TABLE.
sodastream
STORAGE
REFRIGERATOR
DESK: W1200 D700 H720
CABINET: W780 D450 H700
GARBAGE CAN: W600 D250 H920
KITCHEN
2375
900
1185
CUPBOARD: W1200 D400 H830
WAGON: W450 D350 H850
AEROBIKE
Air-Chair
CONSOLE: W1600 D435 H705
TABLE: innovator W1800 D900 H700
TABLE: W1200 D375 H450
SIDE TABLE ϕ345 H500
TV
SOFA: W1720 D820 H690
botta quinta 605
1850
3000
BALCONY
6000
N
Jasper Morrison Air-Chair
Mario Botta botta quinta 605
×4
AIDEC / NOAH SOFA
DRAWING BY KENGO KOBAYASHI 2013.10.10

いい夫婦の部屋

#45

1 マイルームのこだわりポイントは？

どこの空間にいても座ってパソコン
作業がすぐに始められる即興性。

2 お気に入りのアイテムは？

新メンバーを見据えて仕入れたダイニングテーブル（φ1200mm）。

3 お気に入りの場所は？

土曜午前中のベッドの中。

4 家での過ごし方は？（平日編）

ダイニングテーブルで朝食を食べます。

5 家での過ごし方は？（休日編）

夫婦でパソコンに向かっているか、頻繁なレイアウト変更作業。

6 マイルームのウィークポイントは？

洗面スペースが狭い！

7 部屋選び・家づくりのマイルールは？

配置をすぐに変えられる空間的な軽さを視覚、
重量共に大切にしています。

8 次住むならどんな家？

吹き抜けのある家。

SAIDA's HOUSE

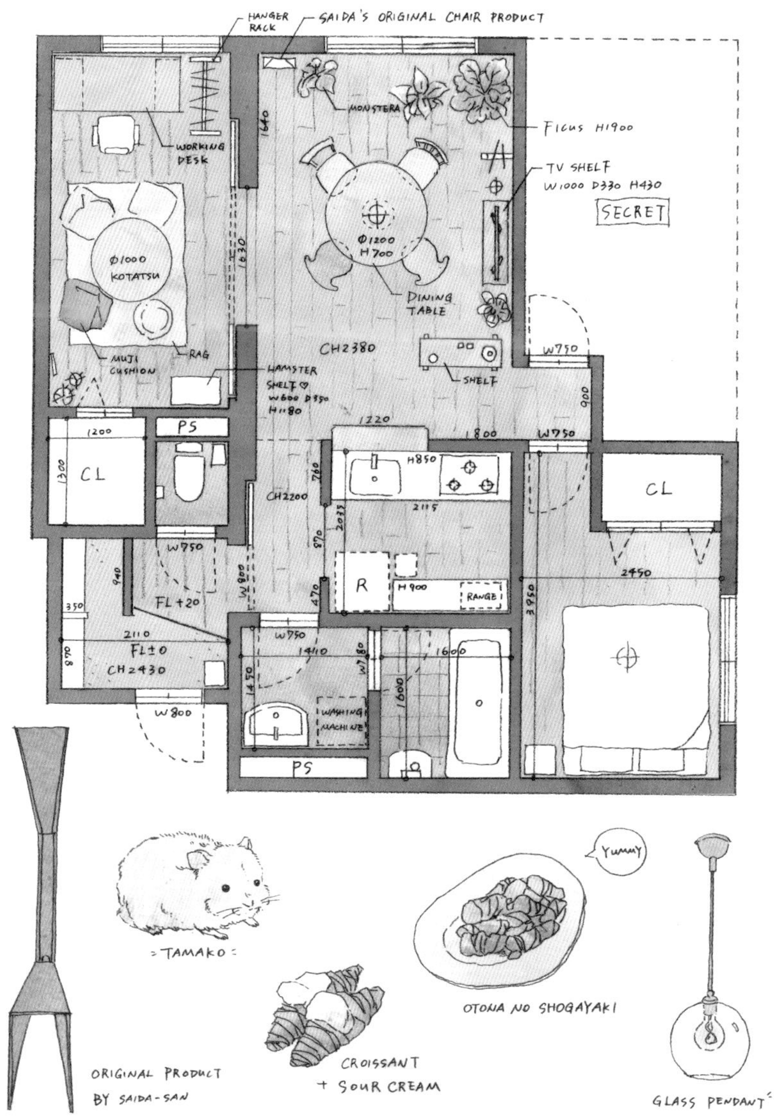
HANGER RACK
SAIDA'S ORIGINAL CHAIR PRODUCT
MONSTERA
FICUS H1900
WORKING DESK
TV SHELF
W1000 D330 H430
SECRET
Φ1000
KOTATSU
Φ1200
H700
DINING TABLE
MUJI CUSHION
RAG
HAMSTER SHELF♡
W600 D350
H1180
CH2380
SHELF
W750
PS
CL
H850
CH2200
R
H900
RANGE
FL+20
FL±0
CH2430
W800
WASHING MACHINE
PS
CL
=TAMAKO=
YUMMY
OTONA NO SHOGAYAKI
CROISSANT
+ SOUR CREAM
ORIGINAL PRODUCT
BY SAIDA-SAN
GLASS PENDANT

嗜好の住処

46

1 マイルームのこだわりポイントは？
カクテルを作れるバー。

2 お気に入りのアイテムは？
バーカウンター。

3 お気に入りの場所は？
ジョージナカシマの椅子。

4 家での過ごし方は？（平日編）
（時間があれば）本を読む。

5 家での過ごし方は？（休日編）
フライフィッシングのフライを巻く。

6 マイルームのウィークポイントは？
外の景色が良いとは言えない。

7 部屋選び・家づくりのマイルールは？
（設計する時は）一部でいいが天井を高くする。

8 次住むならどんな家？
森の家。

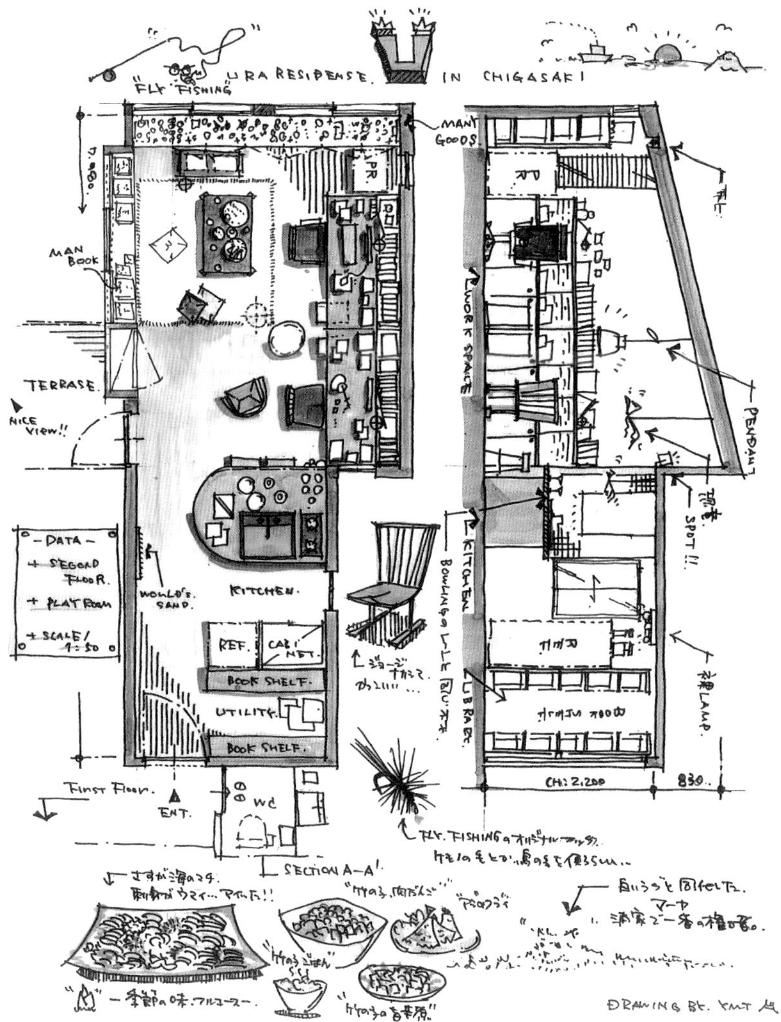

毎日温泉に入れる家

#47

1 マイルームのこだわりポイントは？

温泉。

2 お気に入りのアイテムは？

イスと照明。

3 お気に入りの場所は？

朝、温泉に入っていると、水平線から朝陽が昇ってきます。海が紫色から赤くなって次第に黄金に輝きます。この移ろいが毎日変化してとてもきれいです。

4 家での過ごし方は？（平日編）

ジュリア（愛犬）と遊ぶ。

5 家での過ごし方は？（休日編）

友達と宅飲み＆ジュリア（愛犬）と庭で遊ぶ。

6 マイルームのウィークポイントは？

ガラスが多いので覗かれまくります。私は風呂上がりにバスローブ一丁でウロウロします。バルコニーから初島を眺めたりしているんですけど、一応周辺は駅が近くて住宅地なのでばっちり見られていると思います。丘の上なのでバスローブの下からも覗かれます。

7 部屋選び・家づくりのマイルールは？

日当たり、駅までの距離。

8 次住むならどんな家？

今が一番。

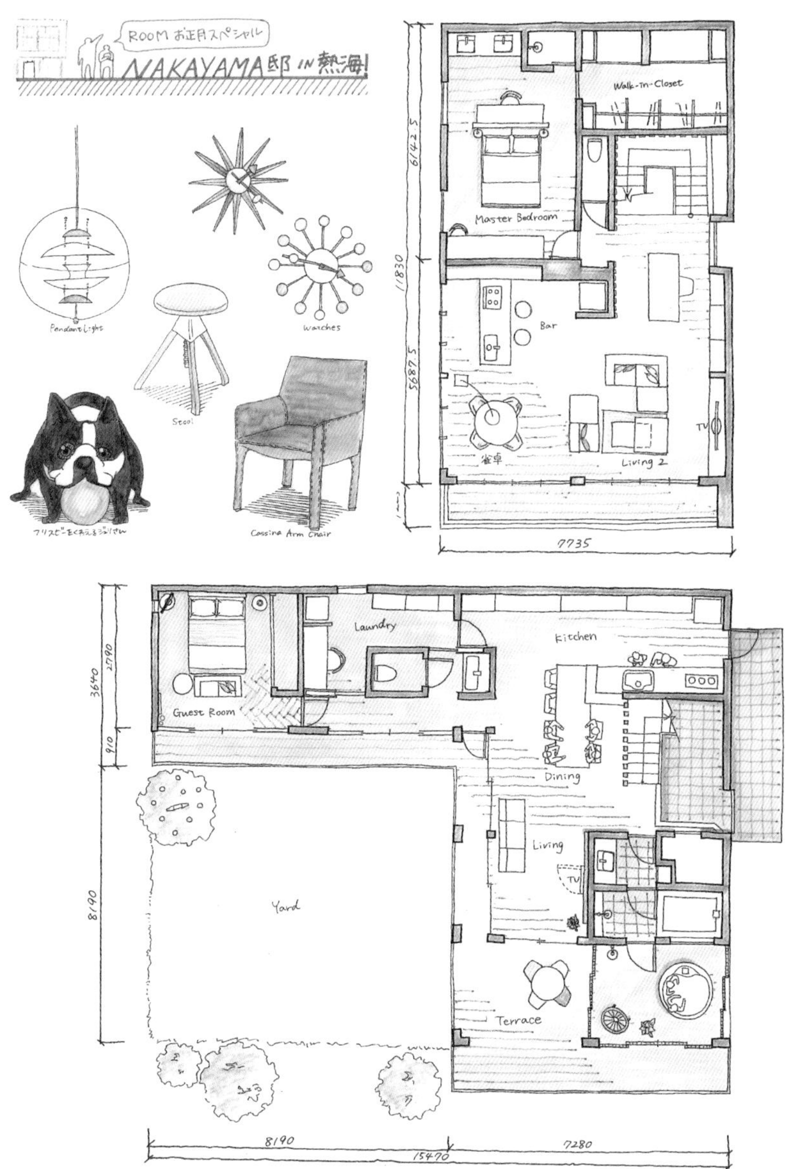
ROOM お正月スペシャル
NAKAYAMA邸 IN 熱海!
Pendant Light
Watches
Stool
フリスビーをくわえるジョジさん
Cassina Arm Chair
Walk-In-Closet
Master Bedroom
Bar
雀卓
Living 2
TV
6142.5
11830
5687.5
7735
Laundry
Kitchen
Guest Room
Dining
Living
TV
Yard
Terrace
3640
2790
910
8190
8190
7280
15470

スキップフロアの家

#48

1 マイルームのこだわりポイントは？

部屋のカラースキームを白、黒＋木で統一。

2 お気に入りのアイテムは？

海外旅行やギャラリーで買い集めた物たちを飾っている棚。

3 お気に入りの場所は？

ベランダのグリーン棚。設計者によると、緑地が足りなかったので苦肉の策だとのことだが、これが決め手でこの部屋を借りることにした。

4 家での過ごし方は？（平日編）

朝ごはんの時間をしっかりとる。

5 家での過ごし方は？（休日編）

家事と早めの晩ごはんでまったりと過ごす。

6 マイルームのウィークポイントは？

固定の弱い手すり。急なコンクリートの階段があるので、寄りかかって取れたりしないか不安。

7 部屋選び・家づくりのマイルールは？

楽しく過ごせそうな周辺環境。生活スタイルに合った間取り。天井が高いこと。

8 次住むならどんな家？

趣味の部屋があることと、植物を育てるための庭付きの家。

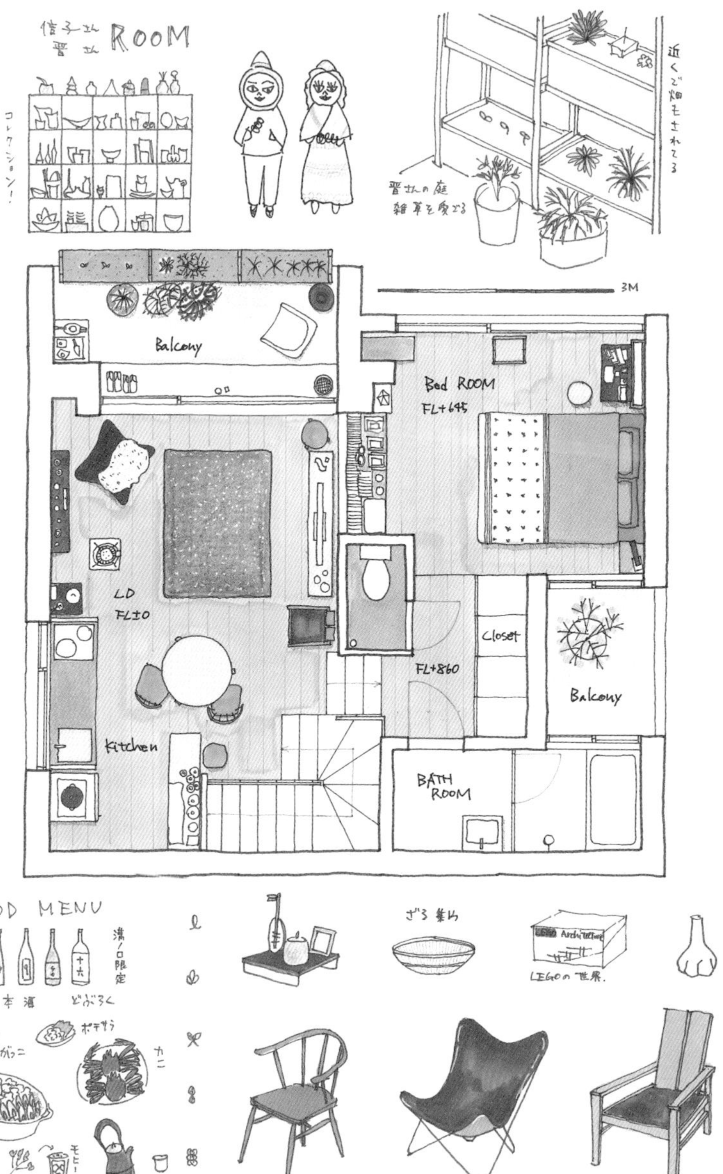

信子さん
晋さん ROOM
コレクション！
近くで畑もされてる
晋さんの庭
雑草を愛でる
3M
Balcony
Bed ROOM
FL+645
LD
FL±0
Kitchen
Closet
FL+860
Balcony
BATH ROOM
FOOD MENU
日本酒
どぶろく
十六
いぶりがっこ
ポテサラ
カニ
きりたんぽなべ
モヒート
ざる集め
LEGOの世界.

坪庭とガレージのある住処

#49

1 マイルームのこだわりポイントは？

全ての部屋が庭に面していること。

2 お気に入りのアイテムは？

薪ストーブ。

3 お気に入りの場所は？

窓辺のミニバー「西田酒蔵」。

4 家での過ごし方は？(平日編)

○って◇んで△る。

5 家での過ごし方は？(休日編)

庭の手入れ、車の整備、料理。

6 マイルームのウィークポイントは？

夏暑く、冬寒い(京都)。

7 部屋選び・家づくりのマイルールは？

風と目線の「ヌケ感」。

8 次住むならどんな家？

もっと海か山に近いワイルドな場所で、
ゴリゴリ季節を感じながら生活してみたい。

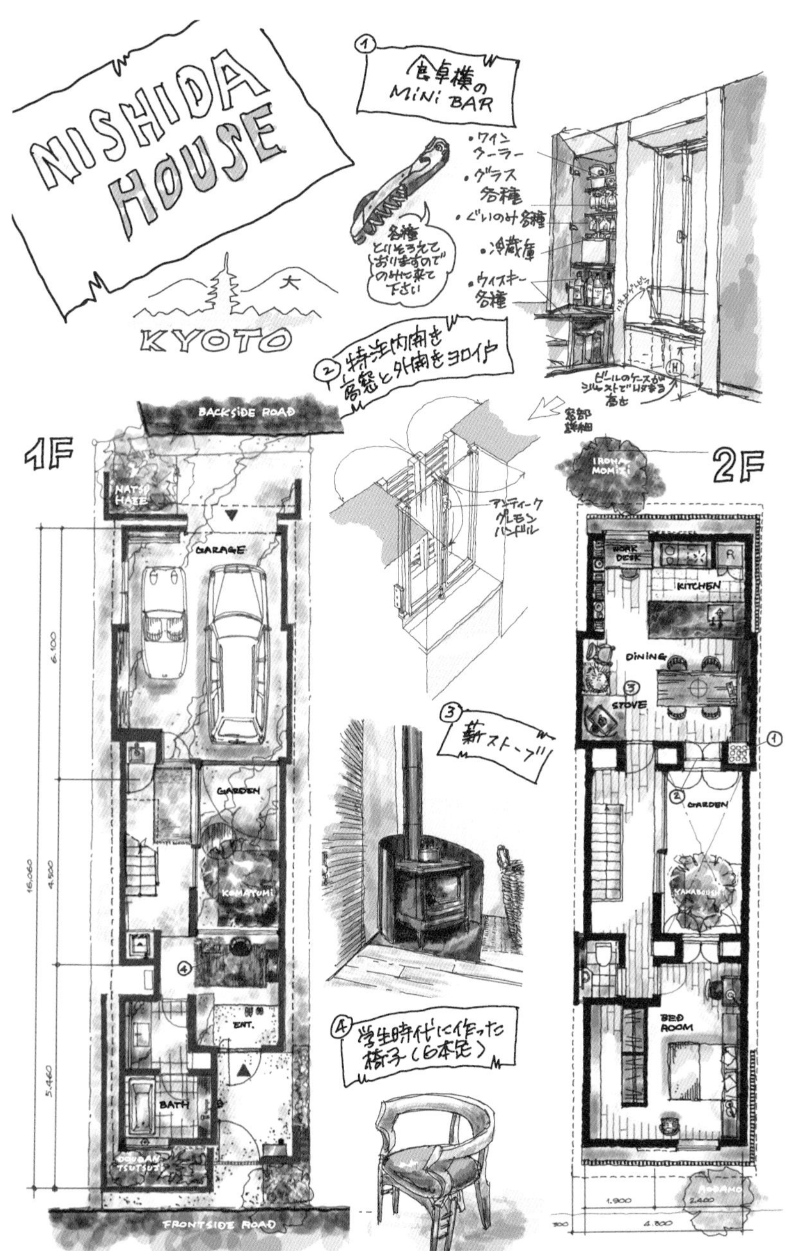
NISHIDA HOUSE
KYOTO
① 食卓横の MiNi BAR
・ワインクーラー
・グラス各種
・ぐいのみ各種
・冷蔵庫
・ウイスキー各種
各種とりそろえておりますのでのみに来て下さい
② 特注内開き窓と外開きヨロイ戸
アンティーク グレモンハンドル
③ 薪ストーブ
④ 学生時代に作った椅子（日本民）
BACKSIDE ROAD
1F
GARAGE
GARDEN
KOMATUMI
ENT.
BATH
FRONTSIDE ROAD
2F
WORK DESK
KITCHEN
DINING
STOVE
GARDEN
BED ROOM
6.100
4.500
5.460
1.900
2.400
4.300

天窓から空が見える家

1 マイルームのこだわりポイントは？

明るい部屋と思い出のある好きな家具に囲まれている。

2 お気に入りのアイテムは？

De Pas, D'Urbino, Lomazzi（デ・パス、デュルビーノ、ロマツィ）のグローブチェア「JOE」。

3 お気に入りの場所は？

キッチン。東に向いているのと天窓もあり明るくて気持ちの良いところです。窓台でミニキッチン菜園を時々していますがよく育ちます。

4 家での過ごし方は？（平日編）

仕事から帰ってきたらイームズのラウンジチェアに座ってTVを見ます。

5 家での過ごし方は？（休日編）

あちこちプチ散歩。

6 マイルームのウィークポイントは？

天井が高く、トップライトや窓が多く明るくて日当たりが良いが暑い！

7 部屋選び・家づくりのマイルールは？

太陽光がたくさん入る明るい家。
しかし冷暖房費がかさみそう笑。

8 次住むならどんな家？

夢ですけど一軒家でなく都会の真っただ中の超高層レジデンスの最上階!!笑。

(MOTO)

RESIDENCE IN MEIDAIMAE

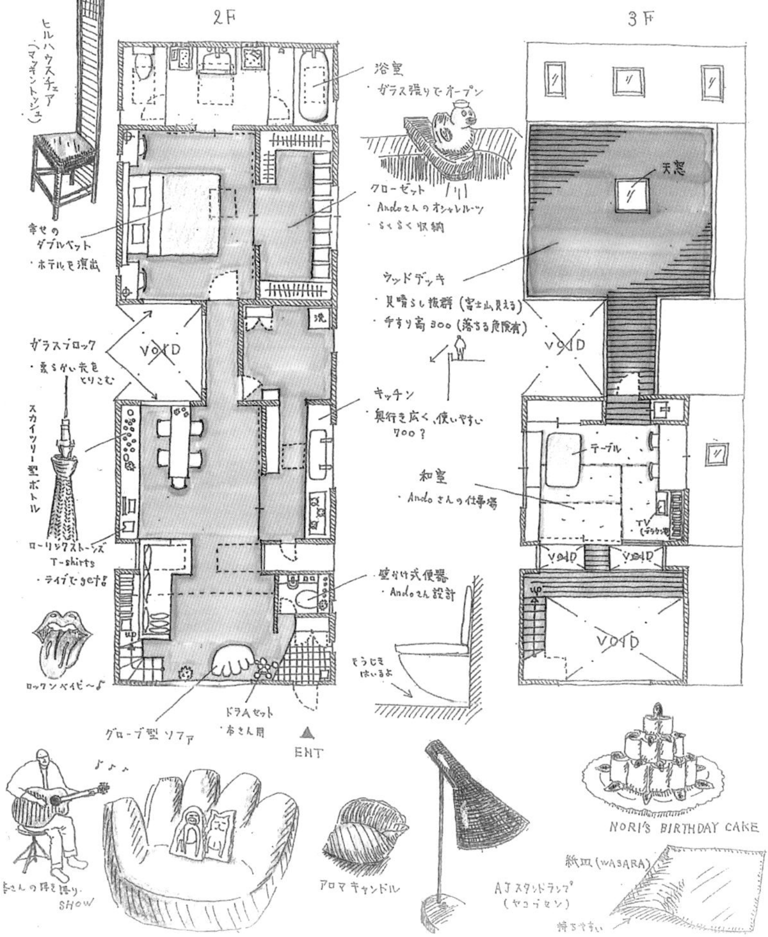

2F

ヒルハウスチェア（マッキントッシュ）

幸せのダブルベッド
・ホテルを演出

ガラスブロック
・柔らかい光をとりこむ

VOID

スカイツリー型ボトル

ローリングストーンズT-shirts
・ライブでget!!

ロックンベイビー～♪

UP

グローブ型ソファ

ドラムセット
・本さん用

ENT

浴室
・ガラス張りでオープン

クローゼット
・Andoさんのオシャレルーツ
・らくらく収納

洗

キッチン
・奥行き広く、使いやすい700？

壁かけ式便器
・Andoさん設計

そうじきはいるよ

3F

天窓

ウッドデッキ
・見晴らし抜群（富士山見える）
・手すり高300（落ちる危険有）

VOID

テーブル

和室
・Andoさんの仕事場

TV

VOID　VOID

UP

VOID

本さんの弾き語りSHOW

アロマキャンドル

AJスタンドランプ（ヤコブセン）

NORI'S BIRTHDAY CAKE

紙皿（WASARA）

持ちやすい

スパイス香るヴィンテージハウス #51

1 マイルームのこだわりポイントは？

木製枠の窓。

2 お気に入りのアイテムは？

アンティークの滑車式ペンダントランプ。見た目も良いが高さが自在に変えられ機能的でもある。

3 お気に入りの場所は？

冬はお風呂、冬以外は窓の外が緑で覆われる2階。山の緑を借景に庭に植えられた桜が間近で見れるのが最高に良いです。

4 家での過ごし方は？（平日編）

気分が良ければ2階で飲食。

5 家での過ごし方は？（休日編）

2階で日向ぼっこ。

6 マイルームのウィークポイントは？

好きで住んでいるとはいえ築40年物で気密性が悪く隙間が多い。冬場は寒い点。虫さんも自由に出入りできてしまう。

7 部屋選び・家づくりのマイルールは？

心がリセットされるような立地にある家。

8 次住むならどんな家？

虫がいない家。

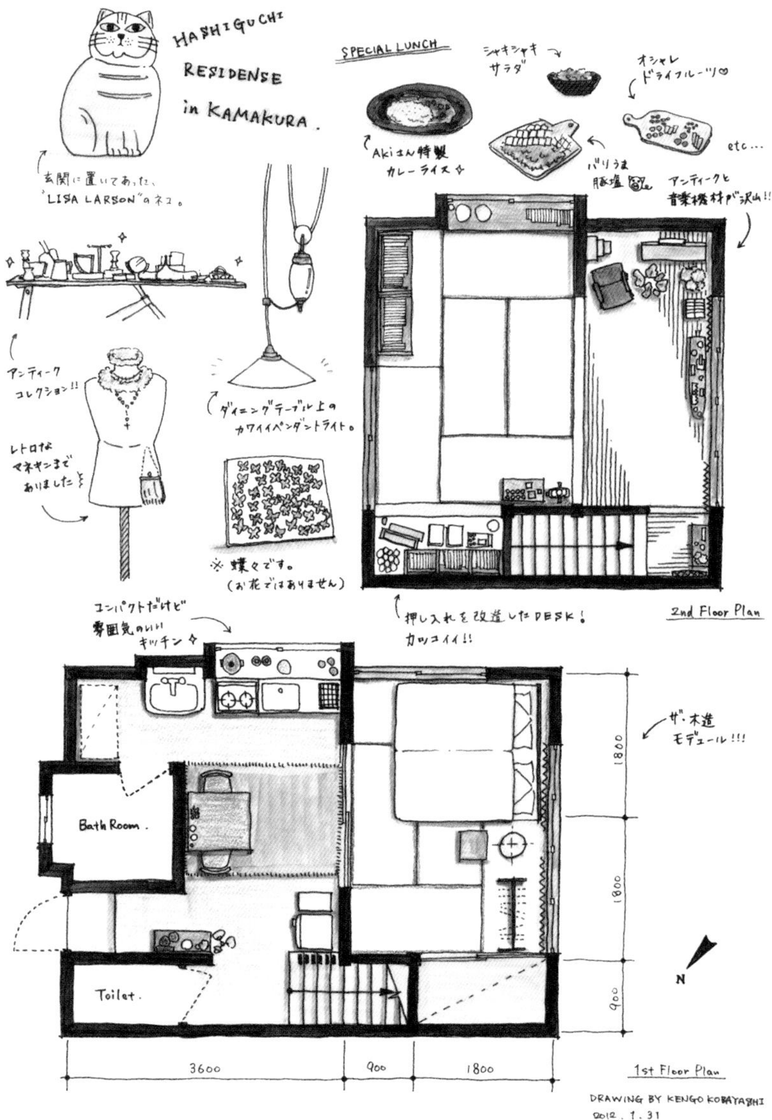
HASHIGUCHI RESIDENSE in KAMAKURA.
SPECIAL LUNCH
シャキシャキ サラダ
オシャレ ドライフルーツ♡
Akiさん特製 カレーライス
バリうま 豚塩
etc...
玄関に置いてあった、"LISA LARSON"のネコ。
アンティークと 音楽機材が沢山!!
アンティーク コレクション!!
ダイニングテーブル上の カワイイペンダントライト。
レトロな マネキンまで ありました
※蝶々です。（お花ではありません）
押し入れを改造したDESK！ カッコイイ!!
2nd Floor Plan
コンパクトだけど 雰囲気のいい キッチン
ザ・木造 モデュール!!!
Bath Room.
Toilet.
1800
1800
900
3600
900
1800
N
1st Floor Plan
DRAWING BY KENGO KOBAYASHI
2012. 1. 31

運河を臨むリノベルーム

#52

Room for Two

1 マイルームのこだわりポイントは？

L字型のやや広めの対面キッチン。友人などが来た時に一緒に料理をしたり、バーカウンターとしても使えて楽しい。

2 お気に入りのアイテムは？

頂きもののジョルジェッティのベッド。友人から譲り受けたエクステンションの古い丸いダイニングテーブル。ハラーシステム(USMハラー)のキャビネット。

3 お気に入りの場所は？

窓から桜や運河が見え、鳥の鳴き声が聞こえる静かなダイニング。

4 家での過ごし方は？(平日編)

デスクかリビングテーブルかダイニングテーブルで、音楽を聴きながらお香の香りと花瓶に生けた花を見て癒されながらのワークが理想…実際は時間がない (涙)。

5 家での過ごし方は？(休日編)

リビングのソファでダラダラとしながら、お酒を飲みながらの昼寝、と料理が理想…実際は時間がない(涙)。

6 マイルームのウィークポイントは？

古い建物のため下階に音が響くので、床をフローリングやタイル貼りにできなかった。

7 部屋選び・家づくりのマイルールは？

部屋から川が見えるロケーション。ずっと居たくなるような落ち着いた雰囲気と植物に囲まれた部屋。

8 次住むならどんな家？

海辺の平屋か山の中の古民家 (憧れで終わるかと思いますが)。

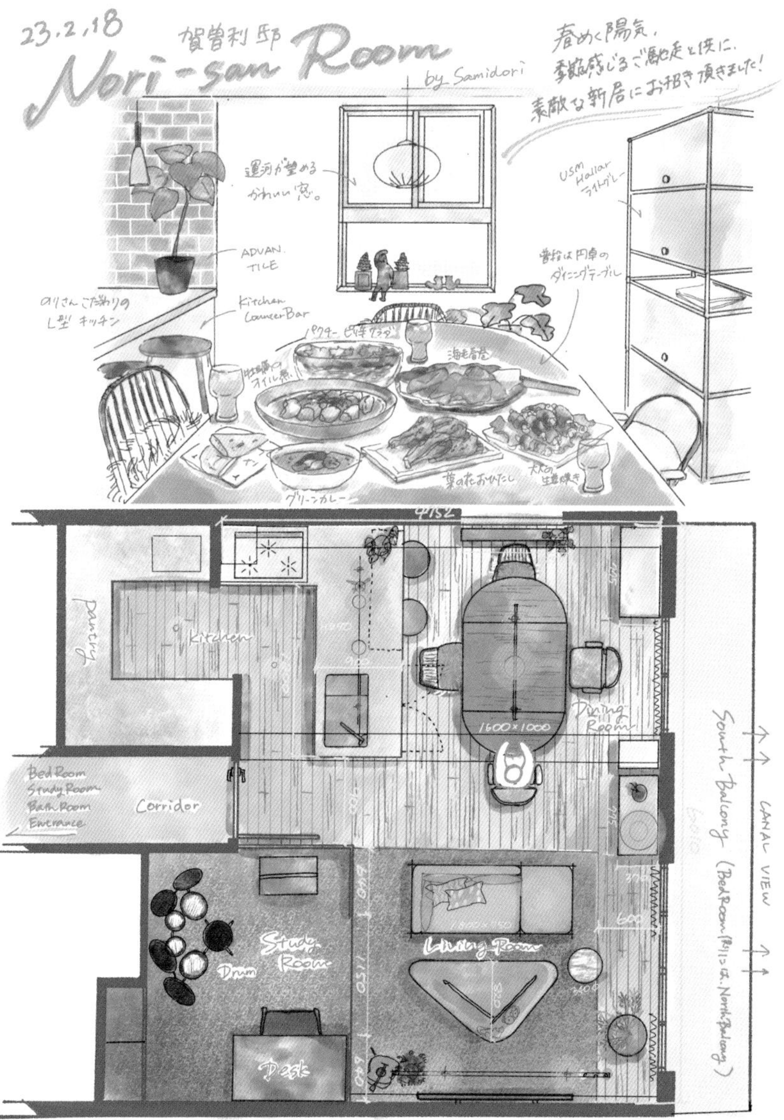

23.2.18
賀曽利邸
Nori-san Room
by Samidori
春めく陽気、
素敵な新居にお招き頂きました!
運河が望める
かわいい窓。
USM Hallar
ライトグレー
ADVAN.
TILE
のりさんこだわりの
L型 キッチン
Kitchen
Counter Bar
普段は円卓の
ダイニングテーブル
海老春巻
ナン
菜の花おひたし
グリーンカレー
4152
Pantry
Kitchen
Dining Room
1600×1000
Bed Room
Study Room
Bath Room
Entrance
Corridor
Study Room
Drum
Desk
Living Room
South Balcony
CANAL VIEW

彫刻家とデザイナーの住処 #53

1 マイルームのこだわりポイントは？
住居部分が3層の1BOX空間なところ（最大天井高約7m）。

2 お気に入りのアイテムは？
彫刻作品たち。

3 お気に入りの場所は？
天井高約7mの吹き抜けリビング。

4 家での過ごし方は？（平日編）
ほとんどいないですが、音が響くので気持ちよく音楽を聴いています。

5 家での過ごし方は？（休日編）
音楽を聴きながら好きなことに没頭している…。

6 マイルームのウィークポイントは？
プライバシーゼロ…(ドアがWCとBathroomにしかありません)。

7 部屋選び・家づくりのマイルールは？
造り付け家具をつくらない。

8 次住むならどんな家？
断熱が完璧な大きな窓がある家。

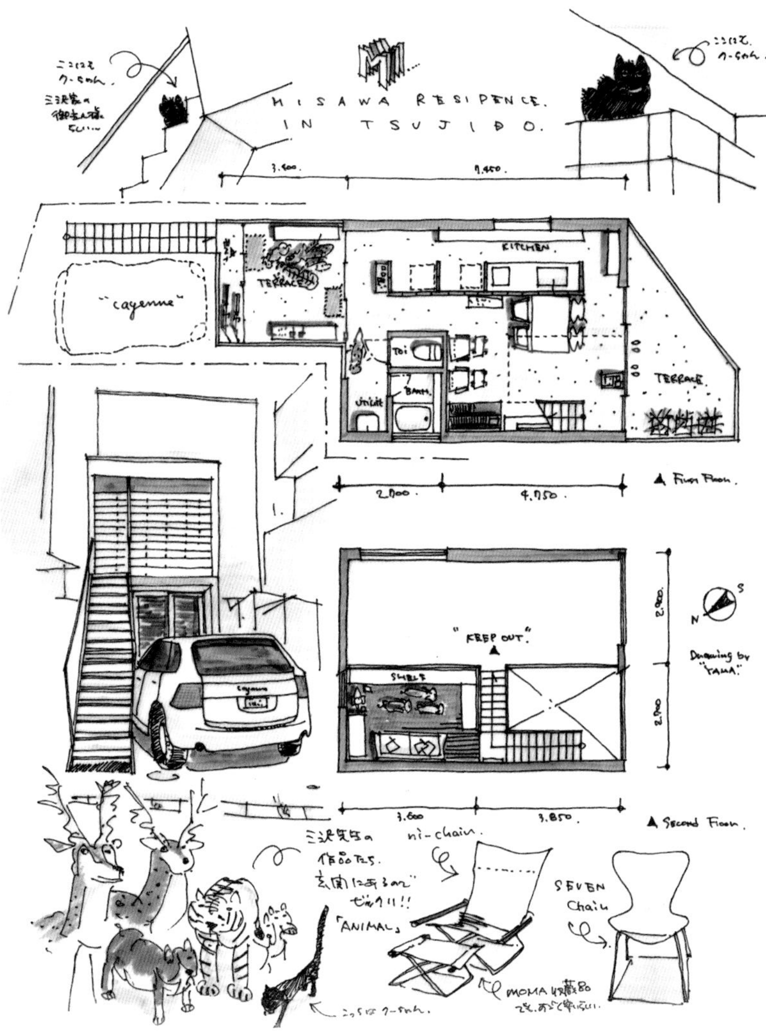
MISAWA RESIDENCE.
IN TSUJIDO.
ここにも クーちゃん。
ここにも クーちゃん。
3.400.
7.450.
TERRACE
"cayenne"
KITCHEN
TOI
BATH
Utility
TERRACE
2.700.
4.750.
▲ First Floor.
"KEEP OUT"
SHELF
2.900
2.700
N
S
Drawing by "TAMA."
3.600
3.850.
▲ Second Floor.
三沢先生の作品たち。
玄関にあるのがビックリ!!
「ANIMAL」
ni-chair.
SEVEN Chair
こっちは クーちゃん。

DESIGNER'S CHOICE 照明編

こだわりのライティングは好みが分かれ、僅差でこの3つがランクイン！

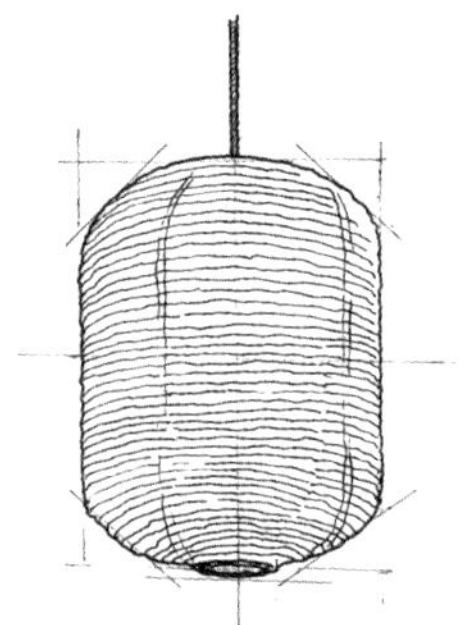

HAY/ RICE PAPER SHADE

No. 1

ペーパーシェードによる優しい光と、どこかモダンさを感じさせるフォルムが和洋どちらの空間にも相性の良い照明。軽やかながら存在感のあるボリュームは空間のアクセントになります。

luis poulsen / PH 3/2 AMBER

No. 2

根強い人気のlouis poulsenの「PHシリーズ」。スケッチは通称“ウォーターポンプ”の名を持つPH 3/2のリミテッド商品！3枚のシェードによって拡散された柔らかな光が心地よい雰囲気を生み出します。

No. 3

ヴァーナー・パントンの名作である「パンテラ」のポータブルタイプ。ミニサイズでどこにでも持ち運びができる利便性と、コンパクトながら存在感のあるフォルムが愛らしい照明です。

luis poulsen / PANTHELLA MINI TABLE

3人以上の暮らし

Room for Three and More

京の家 #54

1 マイルームのこだわりポイントは？

仕事とは離れて、物理的にも精神的にもシンプルであるように。

2 お気に入りのアイテムは？

現代美術作家であるパートナーの作品群。

3 お気に入りの場所は？

2階の居間。音楽と書籍と岩石鉱物に包まれた空間。

4 家での過ごし方は？（平日編）

TVもないので、夜な夜な2階の居間で
3000枚のCDで、DJしながら晩酌…。

5 家での過ごし方は？（休日編）

DIYで家をアップデートし続ける。キッチンもモルタル流して自作です。

6 マイルームのウィークポイントは？

京都ならではは、夏暑く冬寒く、虫と友達です。

7 部屋選び・家づくりのマイルールは？

地に足がついている一軒家。高層マンションとかは苦手なのです。

8 次住むならどんな家？

既に引っ越していますが、家族が増えた分、
もう少し広い町家に住んでいます。

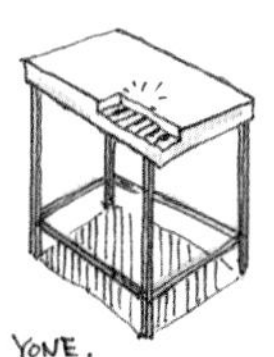

YONE.
「LIGHT PIANO」
目に見えない音を
光にしたもの.
視覚化

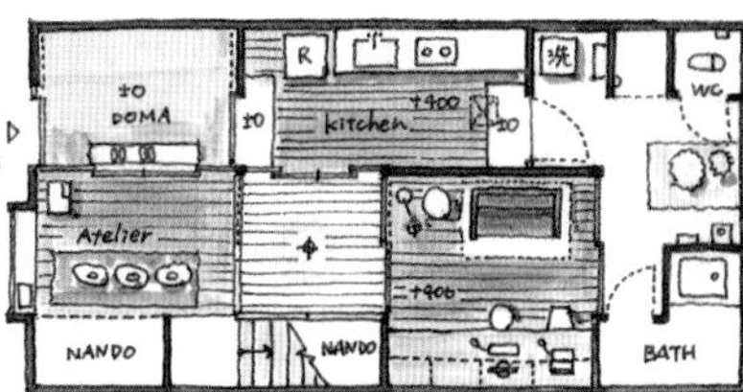

■ 1FLOOR

YONE. LOVE SOFA
W900! 組みかえると イスと
テーブルになる. テンピュール製.

60W ミニレフ球

部屋のど真ん中に吊るしてある
ので. 人が通る時に必ず揺れる。
まっ白な床に光が動く. おもしろい。

マネキン in アトリエ
KARIN. 制作中!

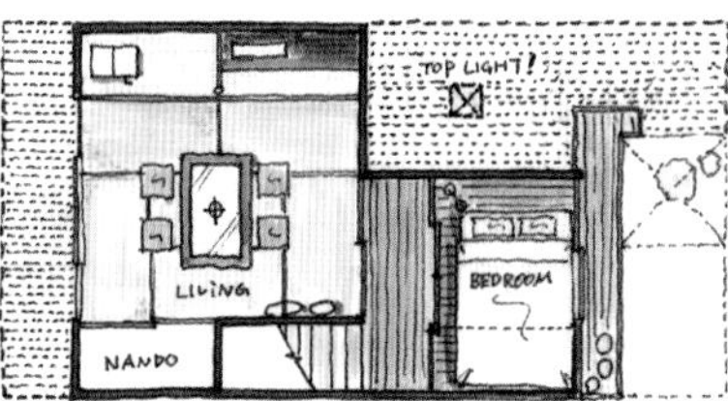

■ 2 FLOOR

YONE.
子供の頃からのシュミ.
「石あつめ!!」

BASIL
KARIN.

various
stone
collection.

YONE.

路地の奥のヨネ邸. 路地一本入るだけで
かなり静かなたたずまいとなる。

ROLL

YONE + KARIN.
2003 DESIGNER'S week!!

KARIN'S WORK

2005.05.29 フジイタカミ

緑あふれる家族の拠所

1 マイルームのこだわりポイントは？

雑貨（ほぼ旅行土産）を飾るリビングのマグネットウォールシェルフです。

2 お気に入りのアイテムは？

回遊性のあるアイランドキッチン。料理をしながらお酒が進みます♪

3 お気に入りの場所は？

キッチン。南向きの窓からは日が射して、観葉植物もよく育ちます。

4 家での過ごし方は？（平日編）

ソファで伸びてます。

5 家での過ごし方は？（休日編）

だらだらお酒を飲んでいます（笑）。

6 マイルームのウィークポイントは？

絵にはないですが、上階が寝室になっていて
これからの季節は暑くなりそうです。

7 部屋選び・家づくりのマイルールは？

朝日が入ることを重視してます。

8 次住むならどんな家？

ベランダからの眺めが良い家！

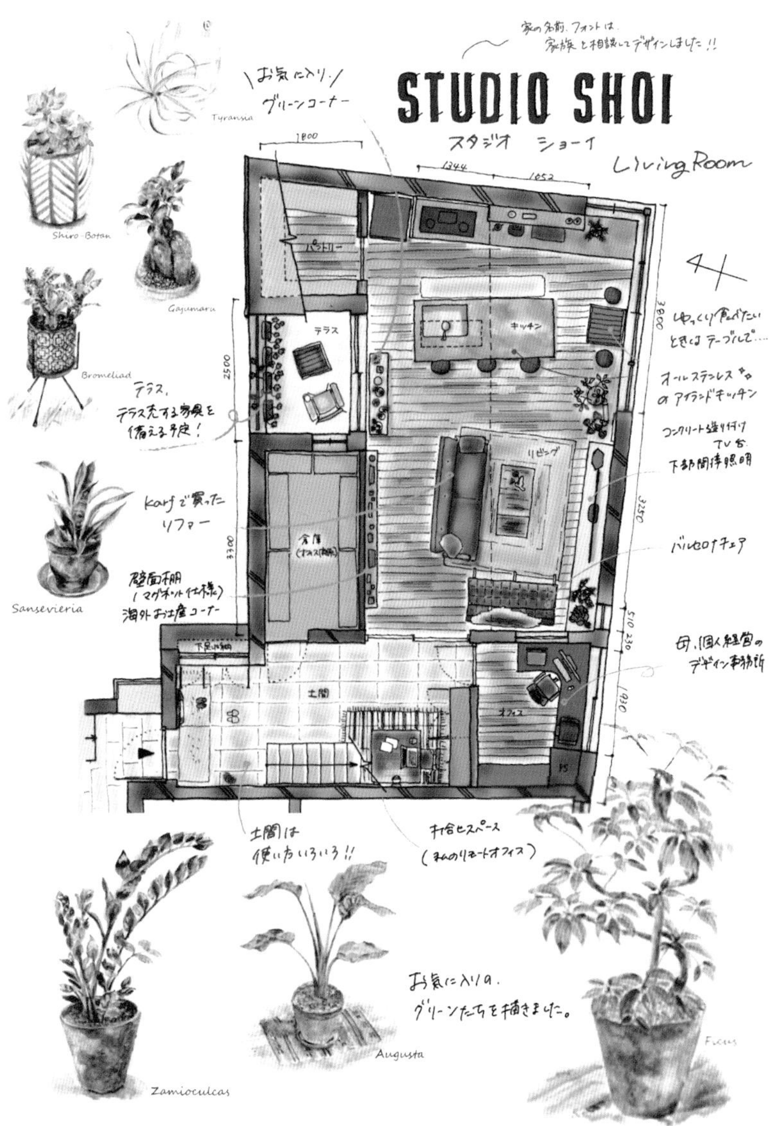

家の名前、フォントは、
家族と相談してデザインしました!!
＼お気に入り／
グリーンコーナー
STUDIO SHOI
スタジオ ショーイ
Living Room
1800
1344
1052
3800
2500
3250
3300
510
230
1030
パントリー
テラス
キッチン
リビング
土間
オフィス
下足収納
PS
ゆっくり食べたいときはテーブルで…
オールステンレスのアイランドキッチン
コンクリート造り付けTV台
下部間接照明
バルセロナチェア
母、個人経営のデザイン事務所
テラス、
テラス充する家具を
備える予定！
karf で買ったソファー
壁面棚（マグネット仕様）
海外お土産コーナー
土間は
使い方いろいろ!!
打合せスペース
（夫のリモートオフィス）
お気に入りの、
グリーンたちを描きました。
Shiro-Botan
Gajumaru
Bromeliad
Sansevieria
Zamioculcas
Augusta
Ficus

5人と2匹の憩いの住処

#56

1 マイルームのこだわりポイントは？

5人家族と愛犬、愛猫が過ごせるようにと一部屋減らして作った広いリビング。イタリアの巨匠チッテリオのL型ソファと家族がゆっくりと食事ができるハニカム天板のダイニングテーブルがこだわり。

2 お気に入りのアイテムは？

Tom Dixonのシーリングライト×3。interiorsでそろえたダイニングテーブルとL型ソファ。

3 お気に入りの場所は？

ベランダの喫煙所。

4 家での過ごし方は？(平日編)

ダイニングは子供たちの勉強机でもあり家族団欒し、親はお酒を飲みながら日々あったことを話したり勉強を手伝ったりしている。

5 家での過ごし方は？(休日編)

公園の裏なので愛犬を連れて家族でピクニック。

6 マイルームのウィークポイントは？

5人と2匹家族なのに男一人なこと。

7 部屋選び・家づくりのマイルールは？

広いリビングスペースと料理好きの僕のための使いやすいキッチン。

8 次住むならどんな家？

樹齢100年くらいのオリーブの木がある庭付きの一軒家で、リビングダイニングは最低20畳ある家。

子供サイズ
ワイヤーチェア
Beat Pendant
by Tom Dixon.
一家のアイドル猫 シオリ
HOUSE
YUGO
Drawing by MIYAO.
やんちゃ犬 ナナコ
藤田家 写真館
USM haller.
BALCONY
BATH ROOM
KITCHEN
BED ROOM
DINING
STR
ENTRANCE
STR
TOILET
STR
STR
TV
BALCONY
KIDS ROOM
LIVING
6050
8700
3200
4500
16400
PLAN.

ホワイトハウス

#57

1 マイルームのこだわりポイントは？

会社に行きたくなくなる部屋。

2 お気に入りのアイテムは？

大きなソファ。

3 お気に入りの場所は？

広い玄関。

4 家での過ごし方は？（平日編）

寝てる。

5 家での過ごし方は？（休日編）

寝てる。

6 マイルームのウィークポイントは？

鉄骨階段でスネを打つとメチャクチャ痛い。

7 部屋選び・家づくりのマイルールは？

豊かな自然と適度な街感。（ハワイのようなところがイイ）。

8 次住むならどんな家？

西海岸の大きな平家。

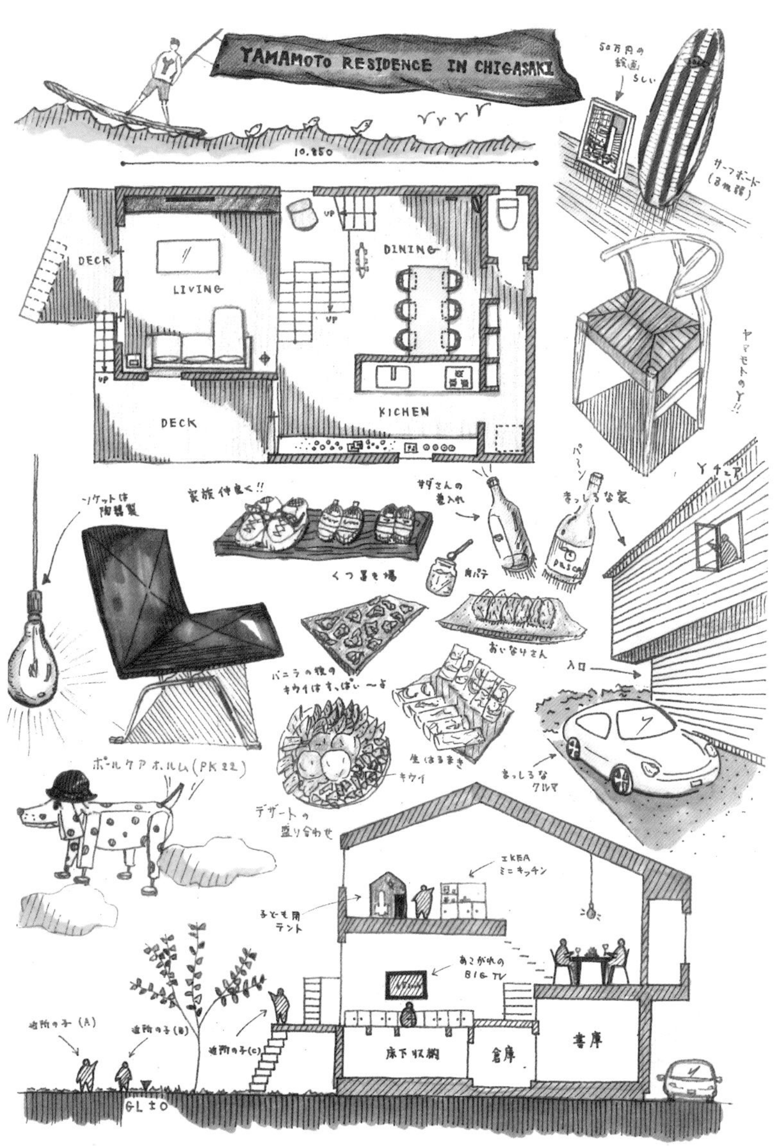

YAMAMOTO RESIDENCE IN CHIGASAKI
50万円の絵画らしい
サーフボード(3m強)
10,850
DECK
LIVING
UP
DINING
UP
UP
DECK
KICHEN
ヤマモトのY!!
ソケットは陶器製
家族仲良く!!
くつ置き場
サダさんの差入れ
パ〜ン
まっしろな家
Yチェア
肉パテ
おいなりさん
入口
バニラの種のキウイはすっぱい〜よ
生はるまき
キウイ
まっしろなクルマ
ポールケアホルム(PK22)
デザートの盛り合わせ
IKEA ミニキッチン
子ども用テント
あこがれのBIG TV
近所の子(A)
近所の子(B)
近所の子(C)
床下収納
倉庫
書庫
GL±0

丁寧な暮らしの部屋

1 マイルームのこだわりポイントは？
キッチンから料理をしながらダイニング、リビングが見渡せるところ。

2 お気に入りのアイテムは？
大学生のころに買ったDIESELのOVERDYED LOUNGE CHAIR。

3 お気に入りの場所は？
Helinoxのチェアにいつも座っています。

4 家での過ごし方は？（平日編）
仕事から帰ってきてリビングのラグの上で倒れている。

5 家での過ごし方は？（休日編）
子供と遊ぶ。部屋の片づけ。

6 マイルームのウィークポイントは？
寝室がリビングに面しているので夜遅く帰ってきた時に気を遣う。

7 部屋選び・家づくりのマイルールは？
壁紙の色、柄、木目の感じなど変えられないところのデザインにこだわる。賃貸物件だと難しいけど…。

8 次住むならどんな家？
自分がデザインした部屋！

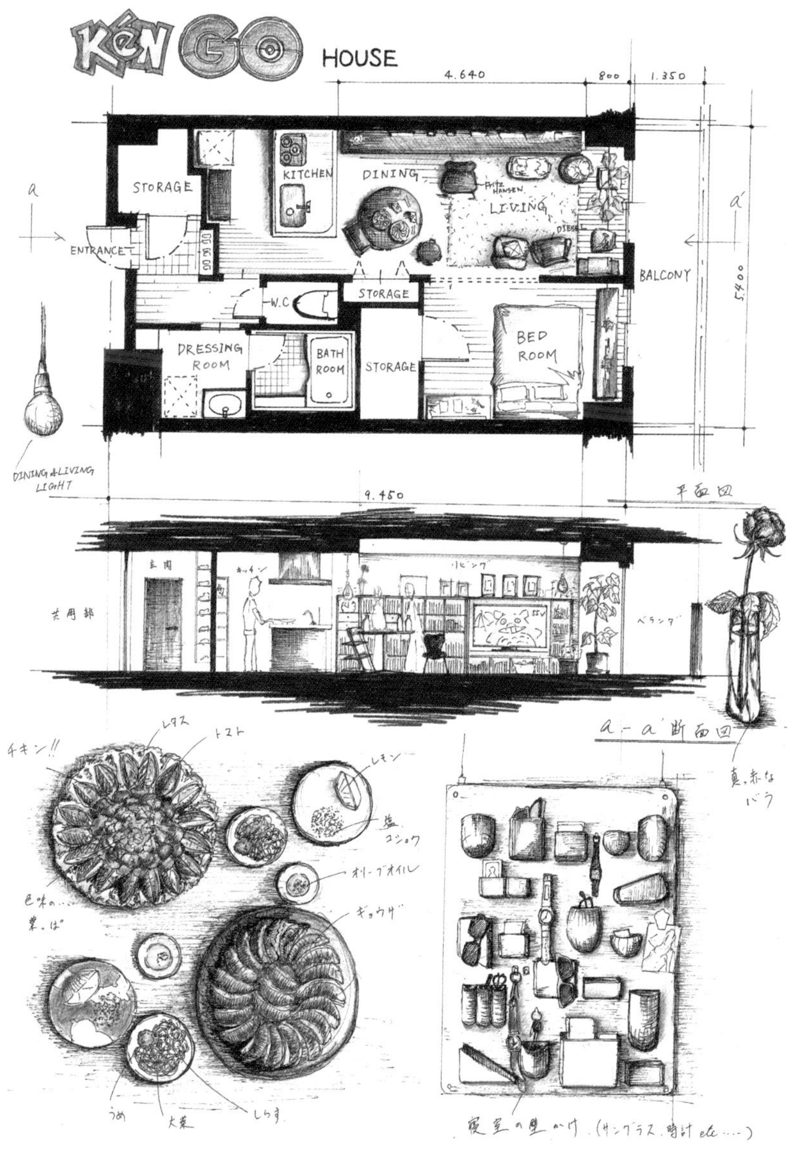
KENGO HOUSE
4.640
800
1.350
STORAGE
KITCHEN
DINING
LIVING
ENTRANCE
W.C
STORAGE
BALCONY
DRESSING ROOM
BATH ROOM
STORAGE
BED ROOM
5400
DINING & LIVING LIGHT
9.450
平面図
玄関
キッチン
リビング
共用部
ベランダ
a-a' 断面図
真っ赤なバラ
チキン!!
レタス
トマト
レモン
塩
コショウ
オリーブオイル
ギョウザ
色味の…
葉っぱ
うめ
大葉
しらす
寝室の壁かけ (サングラス、時計 etc….)

スイートなホーム

#59

1 マイルームのこだわりポイントは？

白と黄色の組み合わせが素敵なキャビネット。黄色部分の左側は引き出して使える小さいテーブル、右はデスクトップPCを入れるトレイ。

2 お気に入りのアイテムは？

青、赤、ピンク、緑のCandelooの充電式照明（ほぼ飾っているだけだけど）。

3 お気に入りの場所は？

リビング。木製ブラインドが落ち着きます。あと光を加減できるのが気に入っています。

4 家での過ごし方は？（平日編）

仕事・家事・テレビ・ストレッチ。

5 家での過ごし方は？（休日編）

掃除、洗濯。あとはあまり家にいない…。

6 マイルームのウィークポイントは？

西日で夏暑いこと。風が強いので、ベランダに植物が置けないこと。

7 部屋選び・家づくりのマイルールは？

運転できないので駅から近いこと。寒がりなので南向き。落ち着く空間にしたいのでリビングが玄関から遠いこと。埃が目立たないように床は明るめの色にすること。

8 次住むならどんな家？

キッチンの広い家。

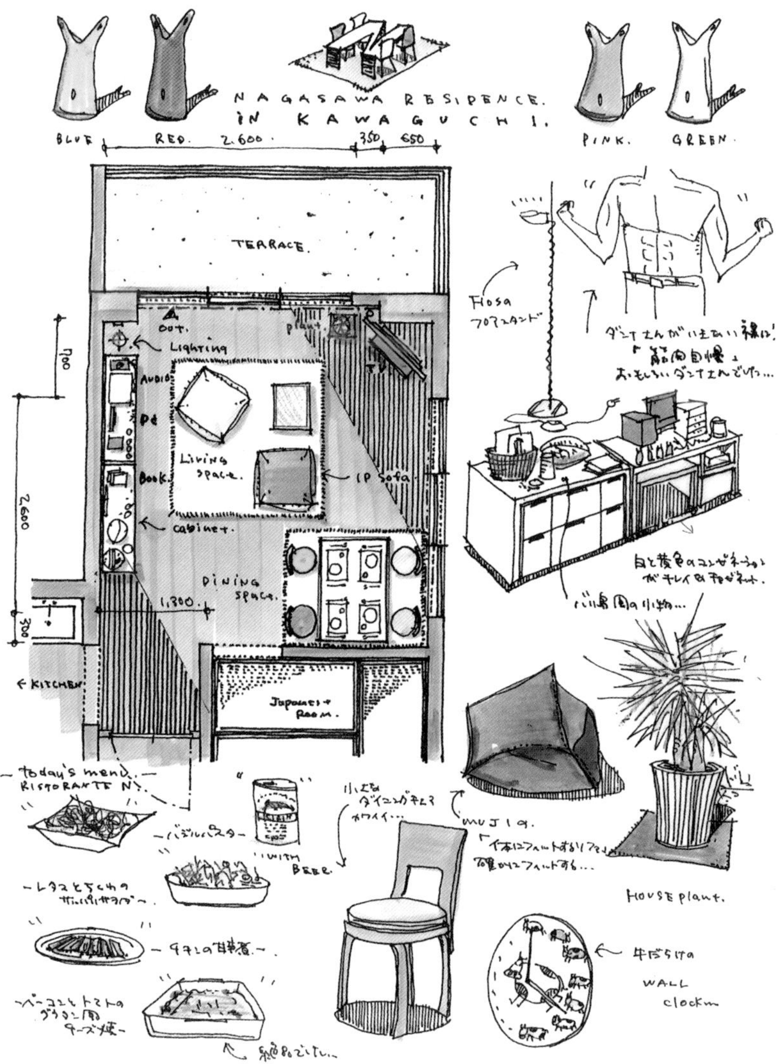

NAGASAWA RESIDENCE.
IN KAWAGUCHI.
BLUE
RED.
PINK.
GREEN.
2,600
350
650
TERRACE.
OUT.
plant.
Lighting
AUDIO
PC
BOOK.
cabinet.
Living space.
IP sofa
DINING space.
1,800.
700
2,600
300
← KITCHEN
Japanese ROOM.
Flosa
フロアスタンド
「腹筋自慢」
おもしろいダンナさんでした…
バリ島風の小物…
— today's menu. RISTORANTE N —
— バジルパスタ —
WITH BEER.
— レタスとちくわのサッパリサラダ —
— チキンの甘辛煮 —
— ベーコンとトマトのグラタン風チーズ焼 —
絶品でした…
小さなダイニングチェア
カワイイ…
MUJIの。
「体にフィットするソファ」
確かにフィットする…
HOUSE plant.
牛だらけの
WALL
clock

狭小敷地の積層の家

1 マイルームのこだわりポイントは？

陽がサンサンと降り注ぎ過ぎるトップライト（夏は暑過ぎ、冬は寒すぎるが）。

2 お気に入りのアイテムは？

トップライト目掛けて果てしなく伸び続けるウンベラータ。

3 お気に入りの場所は？

寝室というか、ウチでは「寝台」と呼びます。川の字ではなく縦列に寝ます。天窓からの月光に照らされて寝るのは最高です。それと、春はお花見ができるリビング。

4 家での過ごし方は？（平日編）

子供たちとまったり。

5 家での過ごし方は？（休日編）

子供たちとアクティブに。

6 マイルームのウィークポイントは？

天窓のおかげで夏はめちゃめちゃ暑い。狭小住宅の宿命ですが階段が多い。数えたら全部で35段もありました。駅から遠い。どこに行くにもバスを利用します。

7 部屋選び・家づくりのマイルールは？

暑くなく、寒くないこと。自分で設計した自邸なので「家づくり」の観点から…。デザイン性が良いに越したことはないが、住み易さ、快適さに直結する「暑さ」「寒さ」に対する基本的な機能が最も重要です。

8 次住むならどんな家？

RC打ち放しだけど暖かい家。

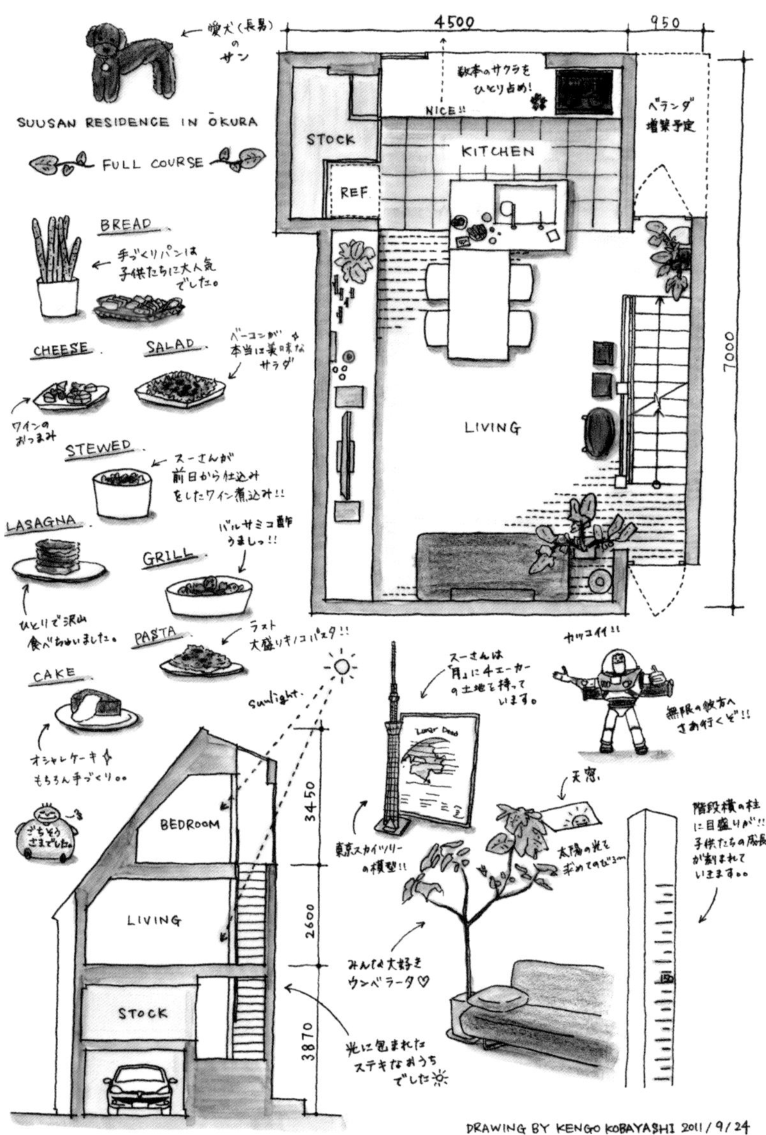

愛犬（長男）の サン
SUUSAN RESIDENCE IN ŌKURA
FULL COURSE
BREAD
手づくりパンは子供たちに大人気でした。
CHEESE
ワインのおつまみ
SALAD
ベーコンが本当は美味なサラダ
STEWED
スーさんが前日から仕込みをしたワイン煮込み!!
LASAGNA
ひとりで沢山食べちゃいました。
GRILL
バルサミコ酢うましっ!!
PASTA
ラスト大盛りキノコパスタ!!
CAKE
オシャレケーキ もちろん手づくり。。
ごちそうさまでした。
4500
950
7000
数本のサクラをひとり占め!
NICE!!
ベランダ増築予定
STOCK
KITCHEN
REF.
LIVING
sunlight
3450
2600
3870
BEDROOM
LIVING
STOCK
光に包まれたステキなおうちでした
スーさんは「月」に4エーカーの土地を持っています。
Lunar Deed
東京スカイツリーの模型!!
カッコイイ!!
無限の彼方へさあ行くぞ!!
天窓
太陽の光を求めてのび〜
みんな大好きウンベラータ♡
階段横の柱に目盛りが!! 子供たちの成長が刻まれています。。
DRAWING BY KENGO KOBAYASHI 2011/9/24

白とRANCHUの家

#61

1 マイルームのこだわりポイントは？

組替えが可能な特注家具。

2 お気に入りのアイテムは？

15年前（30代）に特注で作った天板H230mmの超ローテーブル。

3 お気に入りの場所は？

小さいけど、打ちっぱなしの壁・天井に囲まれた寝室でしょうか。親子3人川の字で寝ています。近くに植物園があったり、神社があったり、畑があったりする環境で、夜はシ〜〜〜ンとしていてよく眠れます。

4 家での過ごし方は？（平日編）

ほぼいません。いつも帰宅が遅いので、
元気な時にDVDで映画を観る程度です。

5 家での過ごし方は？（休日編）

子どもファーストの一日が多いです。特技の工作で段ボール製の小さな家を作ってあげたり、キッチンのフルセットを作ってあげたりしたことがあります。その時は友達も呼んで大盛り上がりです。

6 マイルームのウィークポイントは？

プライバシーがほとんどありません。

7 部屋選び・家づくりのマイルールは？

古くても、不便でも、雰囲気重視。そして、
家の周りが沢山のグリーンに囲まれていること。

8 次住むならどんな家？

コンクリートのカタマリに死ぬほど沢山のグリーンを添えた家。

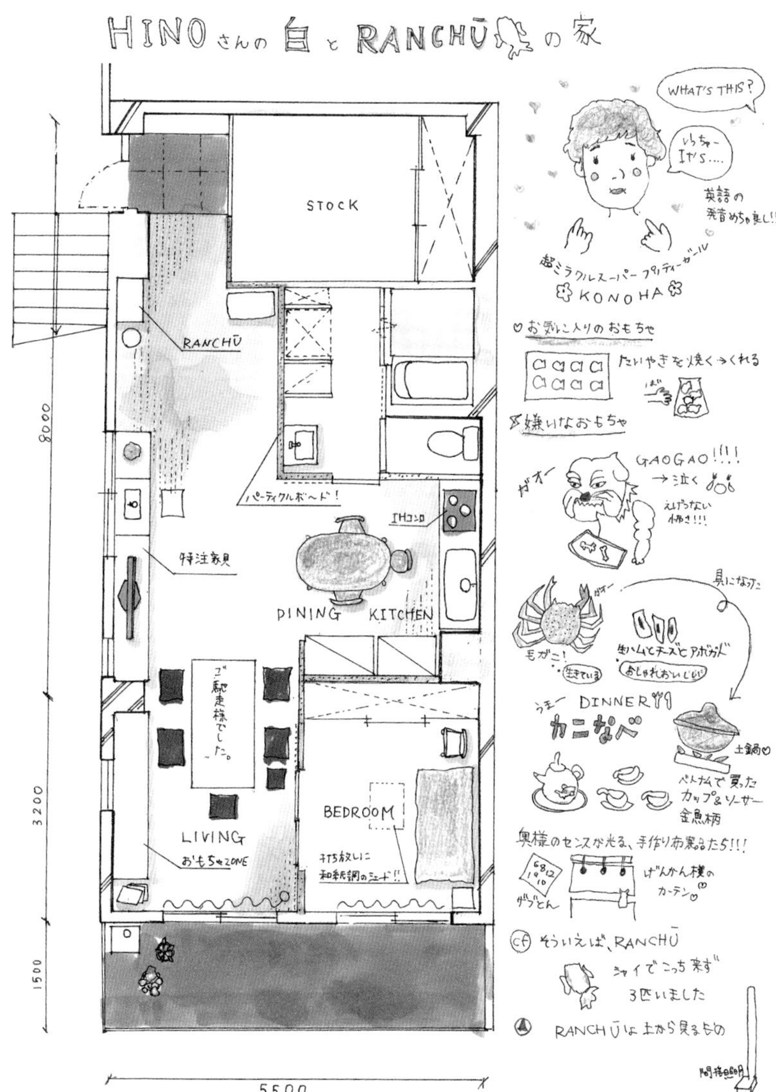
HINOさんの白とRANCHŪの家
STOCK
RANCHŪ
パーティクルボード!
IHコンロ
特注家具
DINING
KITCHEN
ご馳走様でした。
BEDROOM
LIVING
おもちゃZONE
打ち放しに
和紙調のシェード!!
8000
3200
1500
5500
WHAT'S THIS?
It's....
英語の
発音めちゃ良し!!
超ミラクルスーパープリティーガール
KONOHA
お気に入りのおもちゃ
たいやきを焼く→くれる
嫌いなおもちゃ
ガオー
GAOGAO!!!!
→泣く
えげつない
怖さ!!!
具になった
ガオー
モガニ!
生きている
生ハムとチーズとアボガド
おしゃれおいしい!
うまー
DINNER
カニなべ
土鍋
ベトナムで買った
カップ&ソーサー
金魚柄
奥様のセンスが光る、手作り布製品たち!!!
ザブとん
げんかん横の
カーテン
cf そういえば、RANCHŪ
シャイでこっち来ず
3匹いました
RANCHŪは上から見るもの
間接照明

カフェのある家

#62

1 マイルームのこだわりポイントは？

併設しているカフェ「日杳（ひより）」。

2 お気に入りのアイテムは？

アカシデ、カツラ、ムラサキシキブなど緑たっぷりの
木陰からの光にあふれた気持ちの良い中庭。

3 お気に入りの場所は？

外部廊下に置かれたベンチソファ。中庭の草むしりのあと、
ビール飲みながらボーッとしてます。

4 家での過ごし方は？（平日編）

お酒飲んでリビングで家族や猫と会話。

5 家での過ごし方は？（休日編）

あまり家で何して過ごしているっていう習慣がないのですが、
外で畑仕事や、ウォーキングのあとのお昼寝でしょうか。

6 マイルームのウィークポイントは？

外壁のほとんどが木パネルなので、何年か
したら防腐塗装をしないといけないです。

7 部屋選び・家づくりのマイルールは？

住み慣れた地域で決して奇をてらわない
自然に昔からあったような家にしたかった。

8 次住むならどんな家？

老後苦労しないコンパクトで便利な家でしょうか。

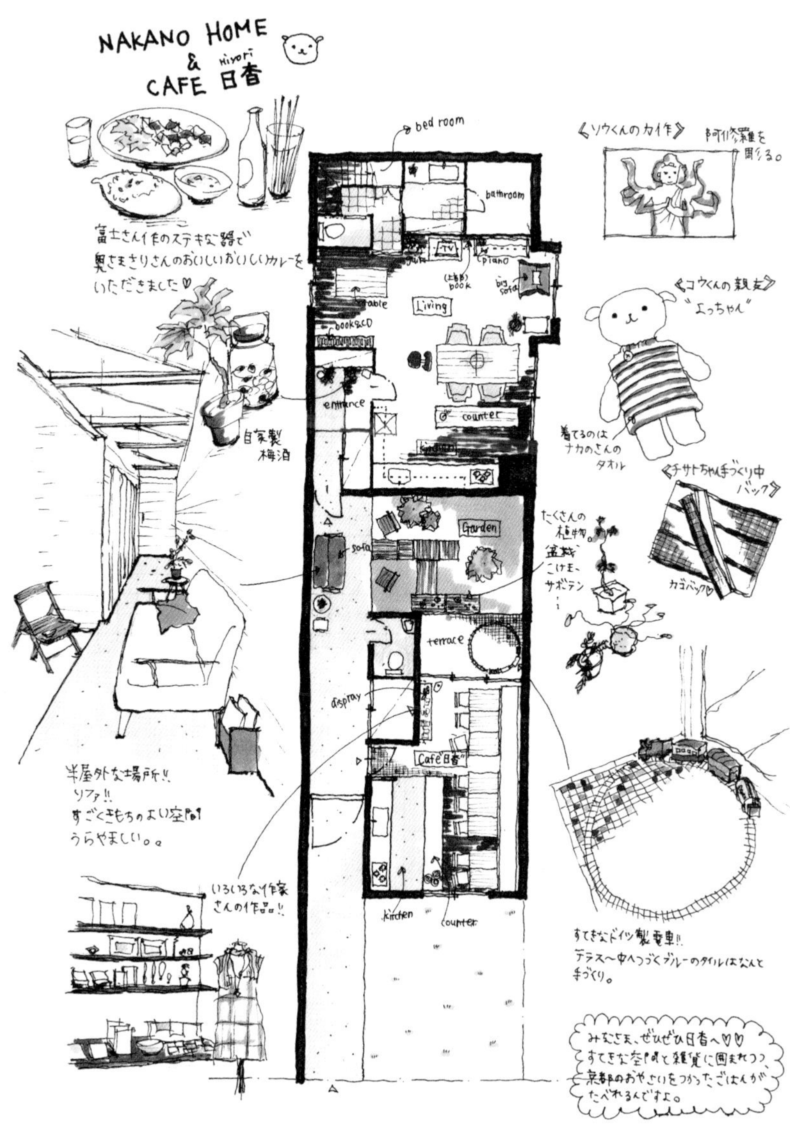

NAKANO HOME
&
CAFE 日香
Hiyori
富士さん作のステキな器で
奥さまさりさんのおいしいおいしいカレーを
いただきました♡
自家製
梅酒
半屋外な場所!!
ソファ!!
すごくきもちのよい空間
うらやましい。。
いろいろな作家
さんの作品!!
bed room
bathroom
TV
piano
book
big sofa
table
Living
book&CD
entrance
counter
kitchen
Garden
sofa
terrace
display
Cafe"日香"
kitchen
counter
《ソウくんの力作》
阿修羅を
彫る。
《コウくんの親友》
"よっちゃん"
着てるのは
ナカのさんの
タオル
《チサトちゃん手づくり中
バッグ》
カゴバッグ♡
たくさんの
植物。
盆栽
こけ、
サボテン
すてきなドイツ製電車!!
テラス〜中へつづくブルーのタイルはなんと
手づくり。
みなさま、ぜひぜひ日香へ♡♡
すてきな空間と雑貨に囲まれつつ、
京都のおやさいをつかったごはんが
たべれるんですよ。

高台のテラス

#63

Room for Three and More

1 マイルームのこだわりポイントは？

高台の景色、日当たり良好、風通し良好なところ。建売の建材を剥がす行為（継続中）。

2 お気に入りのアイテムは？

最近DIYで増築したパーゴラ状のデッキテラス2階とガレージ。

3 お気に入りの場所は？

リビングの私の席。

4 家での過ごし方は？（平日編）

リビングダイニングで自分でデザインした椅子に座り、テレビを見て飲食しながら土日のDIY構想。

5 家での過ごし方は？（休日編）

自作パーゴラに洗濯物を干したあと、パーゴラ状の自作デッキテラス2階でDIYか、自作ガレージで車弄り。

6 マイルームのウィークポイントは？

ちなみに私の部屋は無い。リビングの私の席には弱点なし。

7 部屋選び・家づくりのマイルールは？

淀みが無くて例えば竜が通り抜けるような家（妄想に近い自分の直観）。

8 次住むならどんな家？

山の中の四方を自然に囲まれた家。廃屋をDIYで少しずつ直しながら暮らしたい。もはや隠居。

BEAUTIFUL VIEW!!!
← ウソ
KATAYAMA RESIDENCE
BBQ
IN NISHIDAI.
VOL 1 !!!
SANMA.
山本さんこだわりの一品!!!
JUMBO STEAK.
デカウマ!!
SHIITAKE.
60
WINE.
ナゴウさんのお土産!!
SHRIMP.
カラごといけるぜ!!
by U太さん
SORAMAME.
成型肉の異様なやわらかさ…
2700
YAKINIKU.
BEAUTIFUL VIEW!!!
TERRACE
ERINGI.
歯ごたえサイコウ!!
YAKISOBA.
U太さん作
フツーの味(笑)
ONION.
めちゃうま!!
S
N
BEDROOM
2700
CURRY RICE.
みちこさん
お手製!!
おかわりしました。
SPECIAL PERGOLA!!
made by KEN!!
築2年
¥6000
まさかのタランチュラを発見!!
カワイらしいピエロのお面
マツ
白いペンキは遼くんが塗った!
金魚がいっぱい泳いでる!!
物干し竿を入れる穴
25年もの伝説のハンガー
見切りなしの色分け、これぞデザイン!
BEAUTIFUL VIEW!!!
こわい…
ハリー・ポッターのふくろうとおなじ名前!
たまに落ちる3柵
さすがROCK!!!
地上800m
(ウソ)
section
動物のフィギアが沢山!!
愛鳥のHedwig♡
DRAWING BY KENGO KOBAYASHI 2011/6/4

テラスに挟まれた部屋 #64

1 マイルームのこだわりポイントは？

久々に実家に出戻ってきたので子供部屋感をいかになくすか。

2 お気に入りのアイテムは？

MUJIのペーパーラックで作った棚。

3 お気に入りの場所は？

ベッドの上。狭くて椅子を置くスペースもないので、早く独立すべくいろいろと調べたり目論んだりしています。

4 家での過ごし方は？（平日編）

ベッドに寝転んでPC。

5 家での過ごし方は？（休日編）

基本的に外出。

6 マイルームのウィークポイントは？

収納が一切ないところ。

7 部屋選び・家づくりのマイルールは？

お金を貯めて実家からの脱出計画を立てるところがスタート。

8 次住むならどんな家？

自分の時間をゆったりと過ごせる家。

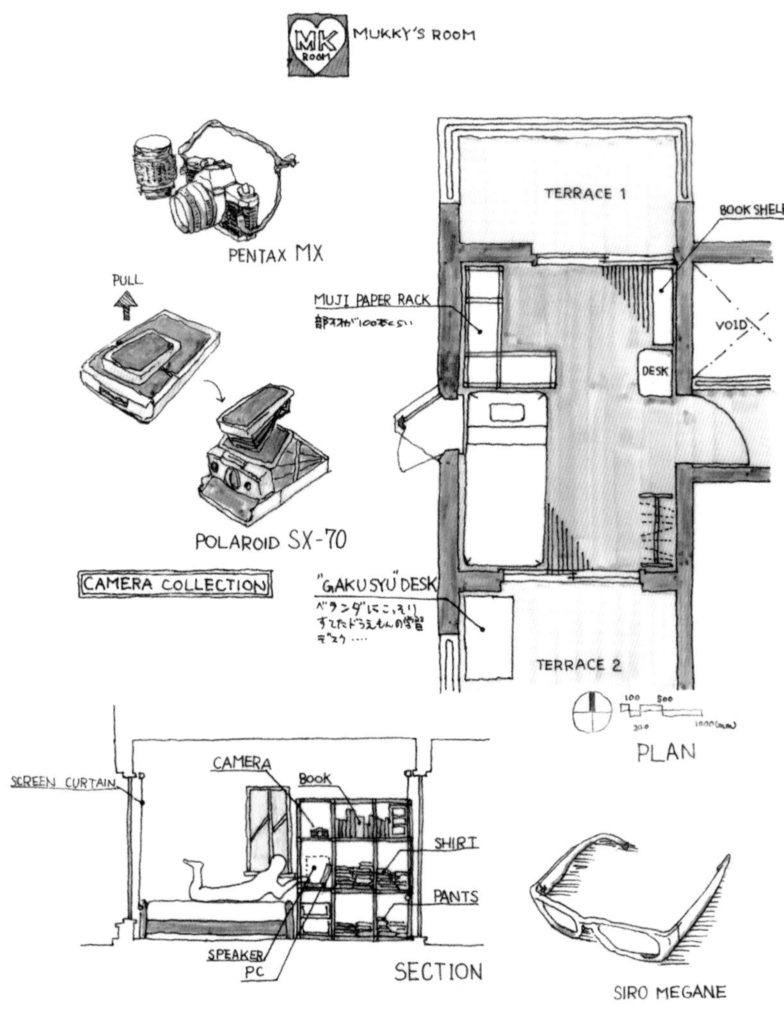
MK ROOM
MUKKY'S ROOM
PENTAX MX
PULL
POLAROID SX-70
CAMERA COLLECTION
TERRACE 1
BOOK SHELF
MUJI PAPER RACK
部材が100本くらい
VOID
DESK
"GAKUSYU" DESK
ベランダにこっそり
すてたドラえもんの学習
デスク……
TERRACE 2
100 500
200 1000(mm)
PLAN
SCREEN CURTAIN
CAMERA
Book
SHIRT
PANTS
SPEAKER
PC
SECTION
SIRO MEGANE

趣味没頭 実家部屋

#65

1 マイルームのこだわりポイントは?

実家のため、少しずつ自分の好きな家具を集めています。

2 お気に入りのアイテムは?

Yチェア。

3 お気に入りの場所は?

本棚とベッドの隙間にキャンプ用チェアを置いて、座る。
狭くて落ち着きます。

4 家での過ごし方は?(平日編)

寝るのみ…。

5 家での過ごし方は?(休日編)

寝る、ゲーム、料理です。

6 マイルームのウィークポイントは?

完全個室ではないところ。間仕切りはできますが、
妹の部屋とつながっています。

7 部屋選び・家づくりのマイルールは?

日当たり、水廻りを重視。自分の好きなものに
囲まれた暮らしをしたいです。

8 次住むならどんな家?

一人暮らしがしたいです。

Yufuko's Room

2021.03.19

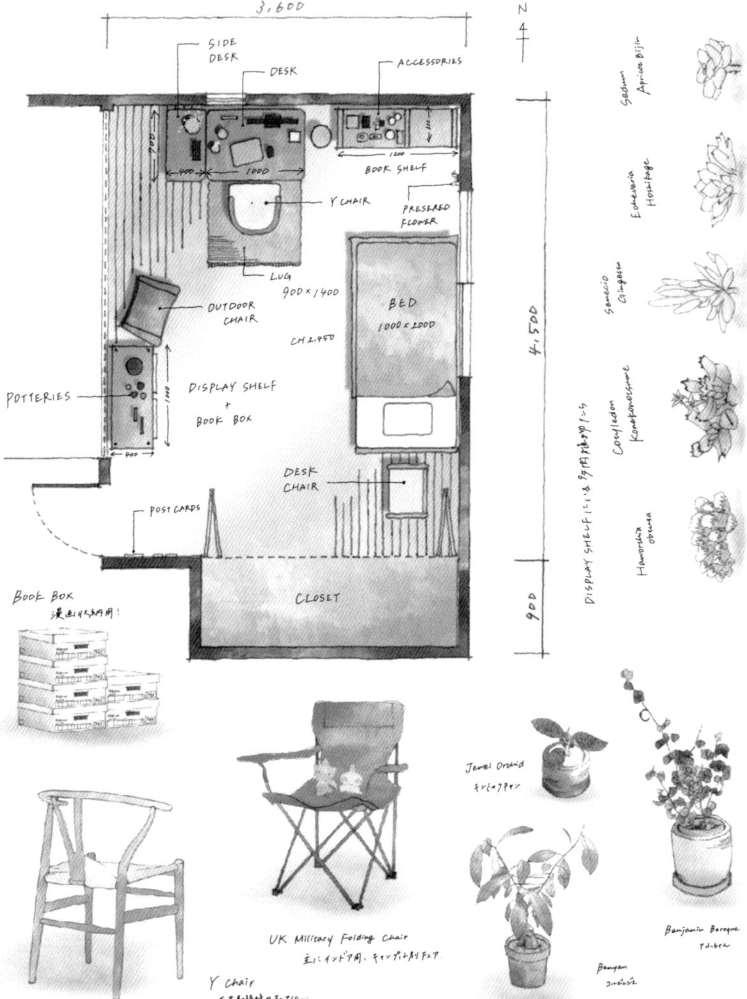

3,600
N
SIDE DESK
DESK
ACCESSORIES
700
400
1000
1200
BOOK SHELF
Y CHAIR
PRESERED FLOWER
LUG
900×1400
OUTDOOR CHAIR
BED
1000×2000
CH 2,450
4,500
POTTERIES
1000
400
DISPLAY SHELF + BOOK BOX
DESK CHAIR
POST CARDS
CLOSET
900
Sedum Apricot Bijin
Echeveria Hoshikage
Senecio Gingeesu
Cotyledon Konekonotsume
Haworthia obtusa
DISPLAY SHELFには多肉植物を
Book Box
漫画収納用！
UK Military Folding Chair
主にインドア用、キャンプにも使えるチェア。
Y Chair
在宅勤務時のチェアに…
Jewel Orchid
キンギョクチャン
Banyan
ベンガルゴム
Benjamin Baroque
フィカス・バロック

和洋混沌ルーム

#66

1 マイルームのこだわりポイントは？

特に何かのテイストというわけでもなく、自分がそのとき好きなアイテムをいつでも足したり引いたりできるシンプルさ。あと和室なこと。

2 お気に入りのアイテムは？

Louis Poulsenのペンダントライトとデスクライト。

3 お気に入りの場所は？

ラグか、人をだめにするクッションの上。

4 家での過ごし方は？（平日編）

NetflixとかAmazon Primeで常に映画かドラマかバラエティを観てる。

5 家での過ごし方は？（休日編）

土曜日は平日通勤時とかにネットサーフィンで発見したカフェとかお店に早起きして行く。日曜はひたすらダラダラか掃除。

6 マイルームのウィークポイントは？

クローゼットが小さすぎて服が全く収まっていない…。

7 部屋選び・家づくりのマイルールは？

ちょっと変な間取りとか強すぎない良い癖があると選びがち。家を選ぶなら美味しいお店がまわりにたくさんある面白い街にあるかどうか。

8 次住むならどんな家？

めっちゃ細長い部屋か、バルコニーがめっちゃ大きい部屋。

Ryo's Room

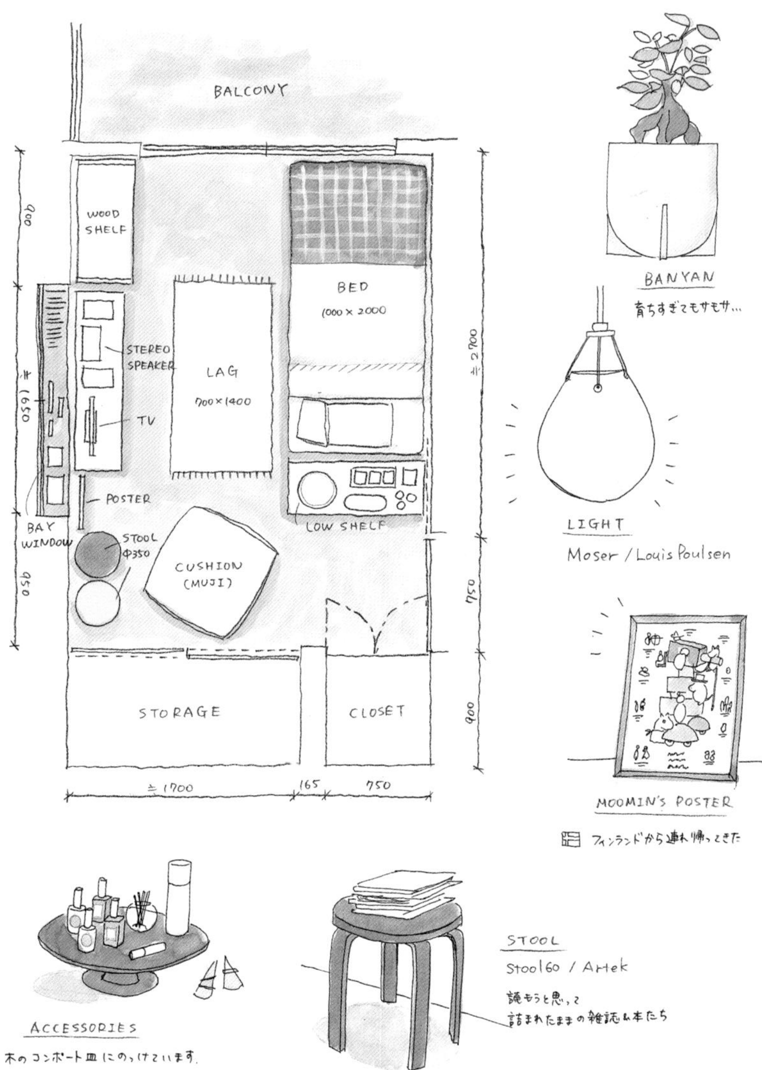

BALCONY
WOOD SHELF
STEREO SPEAKER
TV
POSTER
BAY WINDOW
STOOL Φ350
LAG
700×1400
BED
1000×2000
CUSHION (MUJI)
LOW SHELF
STORAGE
CLOSET
900
≒1650
950
≒2700
750
900
≒1700
165
750
BANYAN
育ちすぎてモサモサ…
LIGHT
Moser / Louis Poulsen
MOOMIN'S POSTER
フィンランドから連れ帰ってきた
ACCESSORIES
木のコンポート皿にのっけています。
STOOL
Stool60 / Artek
読もうと思って
詰まれたままの雑誌＆本たち

ゾウさんとキリンさんとミツさんの家 #67

1 マイルームのこだわりポイントは？

ゾウさんとキリンさんの絵と芝生のラグ。

2 お気に入りのアイテムは？

vitraのSunburst Clock（何度か落としたら先端が丸まりました…）。

3 お気に入りの場所は？

チューリップチェア（アーム無し）。座るというより観賞用。

4 家での過ごし方は？（平日編）

帰宅後は大体すぐに寝ます。

5 家での過ごし方は？（休日編）

ソファに座って映画鑑賞。

6 マイルームのウィークポイントは？

部屋に対して家具がでかすぎる…。

7 部屋選び・家づくりのマイルールは？

カッコいいより可愛めのものを置く。色でいうと茶色多め。

8 次住むならどんな家？

湘南や江の島などの海山に近いエリアに住みたいです。

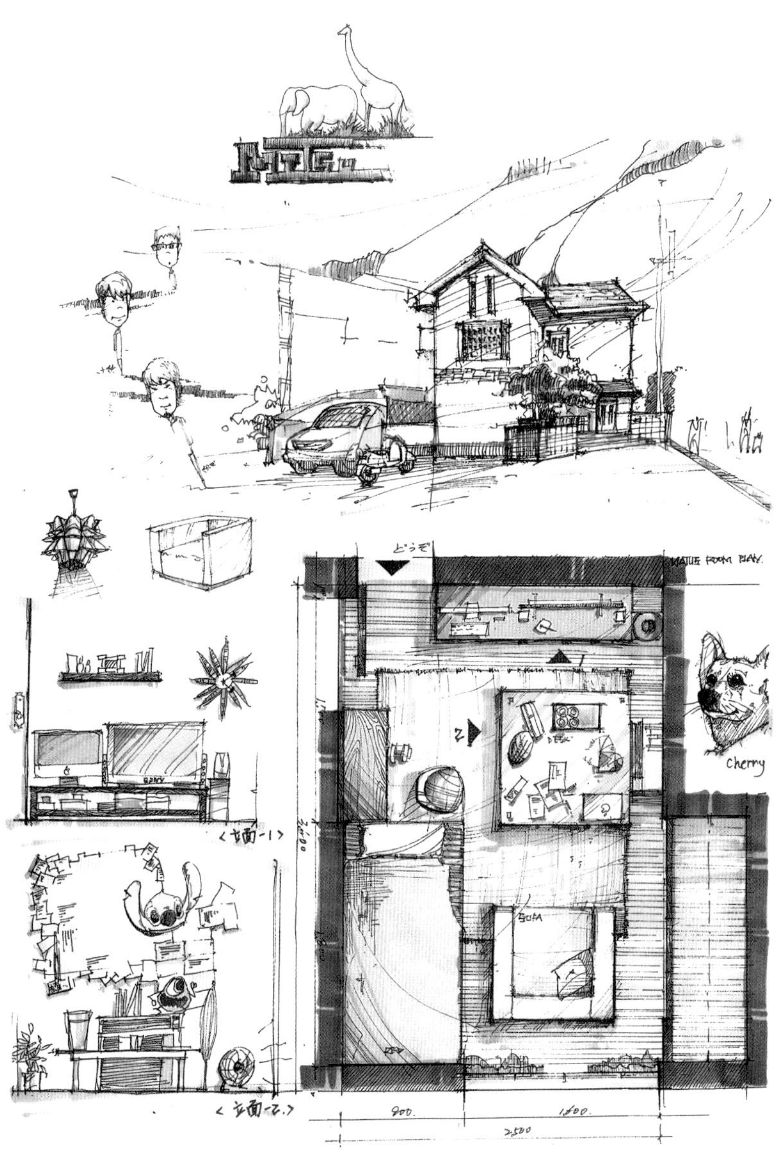
どうぞ
DESK
SOFA
Cherry
<立面-1>
<立面-2>
900.
1,600.
2,500

超建築家的住処

#68

Room for Three and More

1 マイルームのこだわりポイントは？

オープン階段によって、5層にわたるスキップフロアを一体感のある空間としていること。

2 お気に入りのアイテムは？

ステンレスメッシュを使用したフェンス。

3 お気に入りの場所は？

光庭のヒメシャラの木を臨むダイニングスペース。

4 家での過ごし方は？（平日編）

読書・音楽鑑賞。時折り、在宅勤務。

5 家での過ごし方は？（休日編）

読書・音楽鑑賞。楽器練習。

6 マイルームのウィークポイントは？

空間がオープンなので、地階と2階で温度差があること。冬は上階が、夏は下階が快適。

7 部屋選び・家づくりのマイルールは？

家族合意の下で選ぶこと！

8 次住むならどんな家？

自然を臨める音楽スタジオのある家。

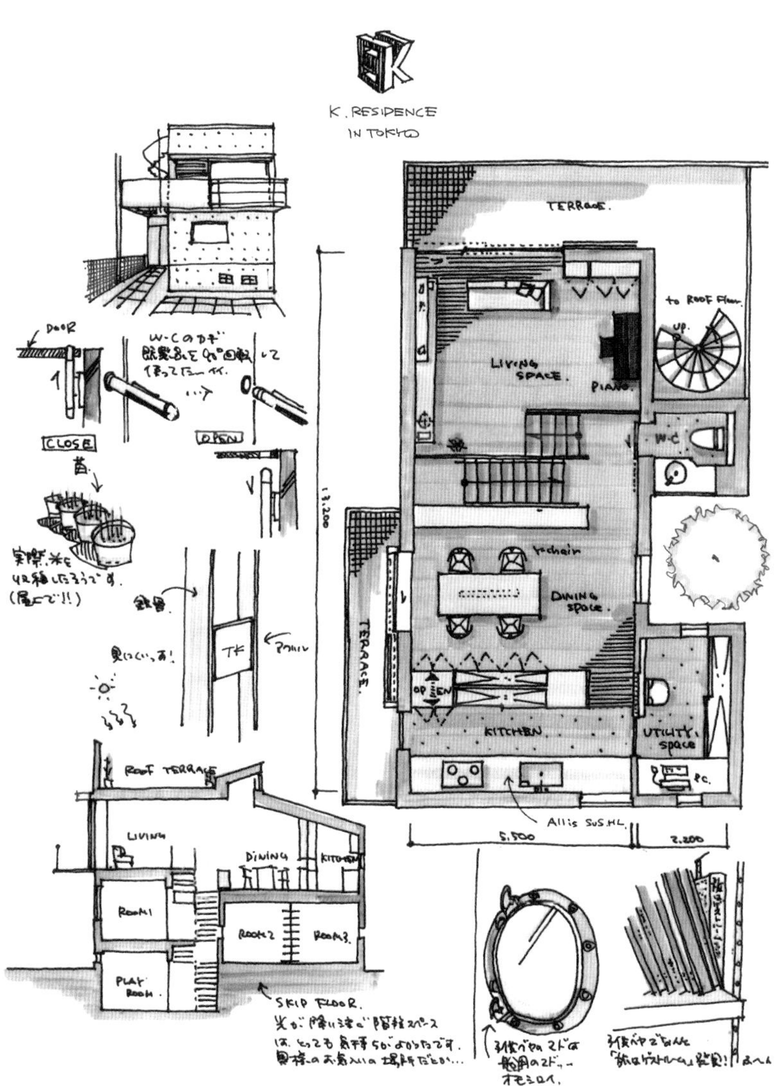
K. RESIDENCE
IN TOKYO
TERRACE.
to ROOF Floor.
UP.
LIVING SPACE.
PIANO.
W-C
Y-chair
DINING space.
TERRACE.
OPEN
KITCHEN.
UTILITY. space
P.C.
Allis SUS.HL.
13.200
5.500
2.200
DOOR
CLOSE
OPEN
TK
ROOF TERRACE
LIVING
DINING
KITCHEN
ROOM1
ROOM2
ROOM3.
PLAY ROOM.
SKIP FLOOR.

スカイツリーが見える部屋2 #69

1 マイルームのこだわりポイントは？

特大ワンルーム＋1(ベッドルーム)。

2 お気に入りのアイテムは？

ハートコーンチェア。

3 お気に入りの場所は？

スカイツリーが一望できる自慢のルーフバルコニー。

4 家での過ごし方は？(平日編)

ほぼ寝に帰る。

5 家での過ごし方は？(休日編)

たまに昼飯を作り、子供と遊んだりする。

6 マイルームのウィークポイントは？

リビングの間仕切りを撤去したので、部屋が少ない。

7 部屋選び・家づくりのマイルールは？

広い庭・テラスがあり、開放感がある家が理想（一歩近づきました…）。

8 次住むならどんな家？

郊外の吹抜けがある一軒家。

NAGO HOUSE

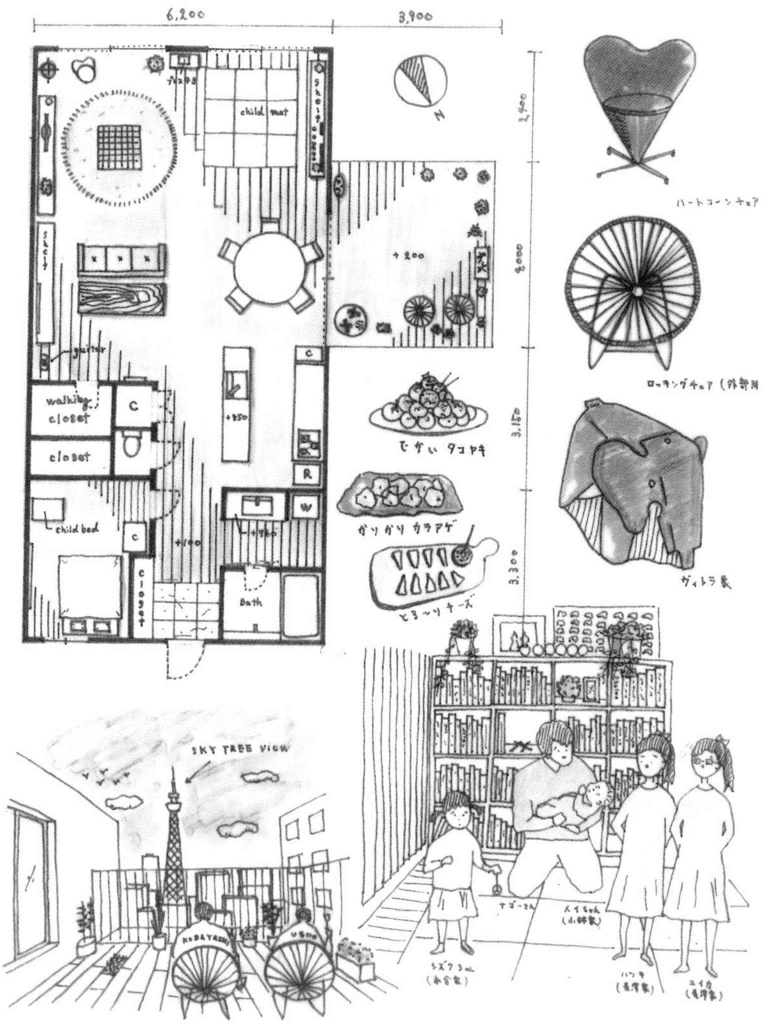
6,200
3,900
2,400
4,000
3,150
3,300
N
child mat
shelf
+200
guitar
walking closet
closet
C
R
W
+850
child bed
+100
closet
Bath
でかいタコヤキ
かりかりカラアゲ
とろ〜りチーズ
ハートコーンチェア
ロッキングチェア（外部用
ヴィトラ象
SKY TREE VIEW
ナゴーさん

特大リビングハウス

#70

1 マイルームのこだわりポイントは？

壁を無くした広いリビング。

2 お気に入りのアイテムは？

座面の低いロングソファ。

3 お気に入りの場所は？

ソファの上。

4 家での過ごし方は？（平日編）

深夜のPlayStation。

5 家での過ごし方は？（休日編）

リビングでゴロゴロ。

6 マイルームのウィークポイントは？

家の半分はリニューアルしていないので、気に入っていない。

7 部屋選び・家づくりのマイルールは？

直感で気に入るかどうか。

8 次住むならどんな家？

海が見える家。

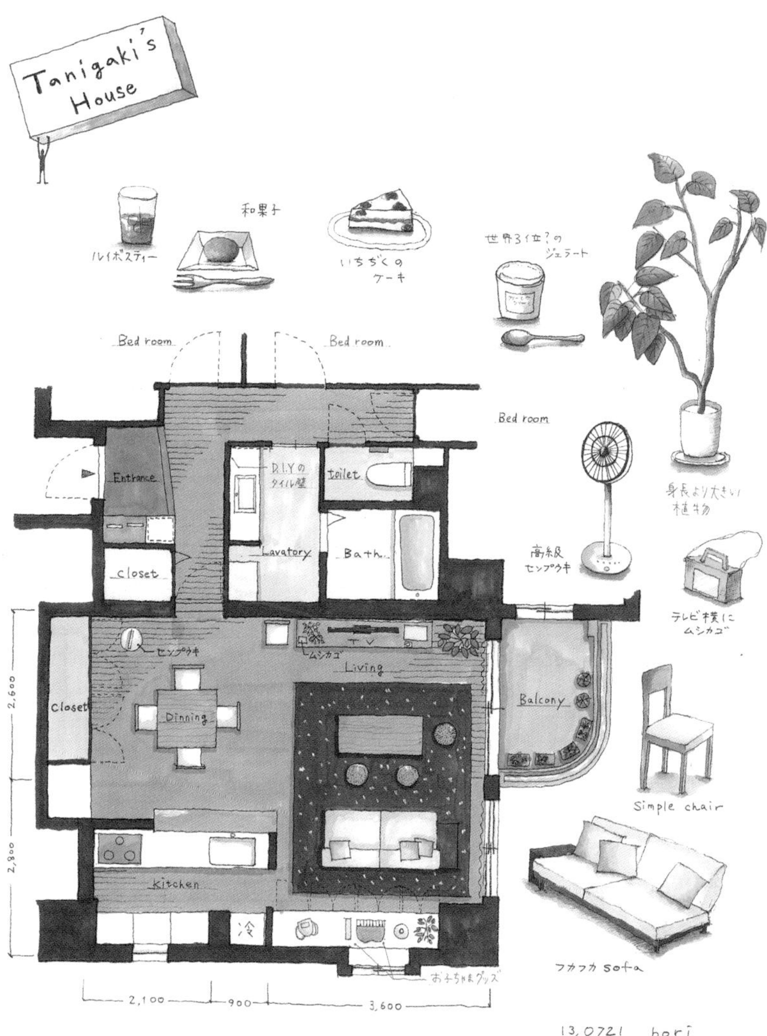

Tanigaki's House
ルイボスティー
和果子
いちぢくの
ケーキ
世界3位?の
ジェラート
身長より大きい
植物
Bed room
Bed room
Bed room
Entrance
D.I.Yの
タイル壁
toilet
Lavatory
Bath
closet
高級
センプウキ
テレビ横に
ムシカゴ
センプウキ
ムシカゴ
TV
Living
Closet
Dinning
Balcony
Simple chair
Kitchen
冷
お子ちゃまグッズ
フカフカ sofa
2,600
2,800
2,100
900
3,600
13,0721 bori

自然を楽しむ大きな窓の家

#71

1 マイルームのこだわりポイントは？

部屋を見渡せるキッチン。

2 お気に入りのアイテムは？

薪ストーブ。

3 お気に入りの場所は？

キッチン。

4 家での過ごし方は？（平日編）

2階の外が見えるデスクで在宅勤務（家事に追われながら…）。

5 家での過ごし方は？（休日編）

庭いじり（雑草抜き）。

6 マイルームのウィークポイントは？

巾木がないので掃除機がかけにくい。

7 部屋選び・家づくりのマイルールは？

無駄なものは買わない。

8 次住むならどんな家？

山奥かな…。

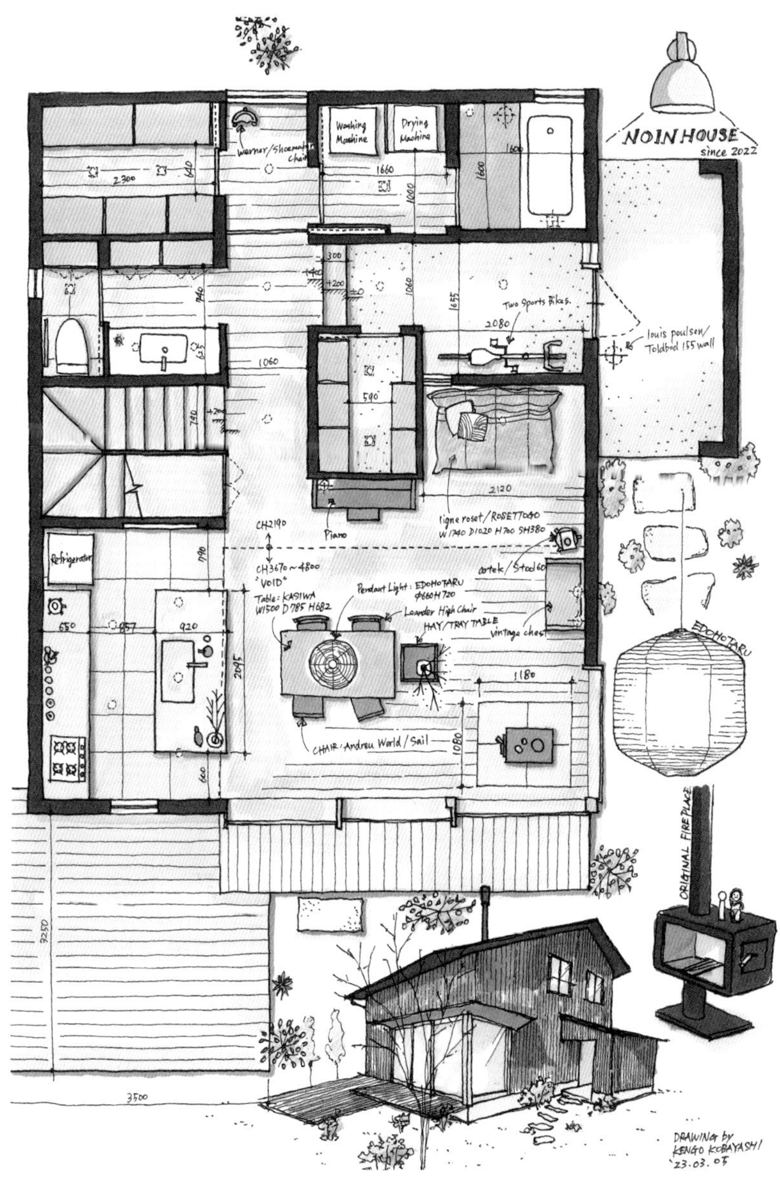
NOIN HOUSE
since 2022
Washing Machine
Drying Machine
1660
1000
1600
2300
Two Sports Bikes.
2080
louis poulsen/ Toldbod 155 wall
1060
590
2120
Piano
ligne roset/ROSETTOGO
W1740 D1020 H700 SH380
CH2190
CH3670~4800
"VOID"
Table: KASIWA
W1500 D785 H682
Pendant Light: EDOHOTARU
φ660H720
Loander High Chair
HAY/TRAY TABLE
cotek/Stool60
vintage chest
Refrigerator
650
957
920
1180
1080
CHAIR: Andreu World/Sail
EDOHOTARU
ORIGINAL FIREPLACE
3250
3500
DRAWING by
KENGO KOBAYASHI
'23.03.05

紫の住処

#72

1 マイルームのこだわりポイントは？

広く開放的なリビングダイニング。みなとみらい地区の夜景が一望できるロケーション。

2 お気に入りのアイテムは？

海外旅行先で買った他愛ない雑貨のコレクション。

3 お気に入りの場所は？

キッチン。無心になれるし、家族とのコミュニケーションの場でもある。

4 家での過ごし方は？（平日編）

ただ普通に、シャワーの後、食事しながらニュース観て、歯を磨いて爆睡。

5 家での過ごし方は？（休日編）

ソファに寝転んで、撮り溜めたビデオをボーっと観ている。

6 マイルームのウィークポイントは？

リビングを改修で広くしたため、床暖房が効かないこと。

7 部屋選び・家づくりのマイルールは？

仕事からリセットできる、五感が癒される環境。

8 次住むならどんな家？

温暖な海辺のロケーションで、自然と一体化した開放感のある家。

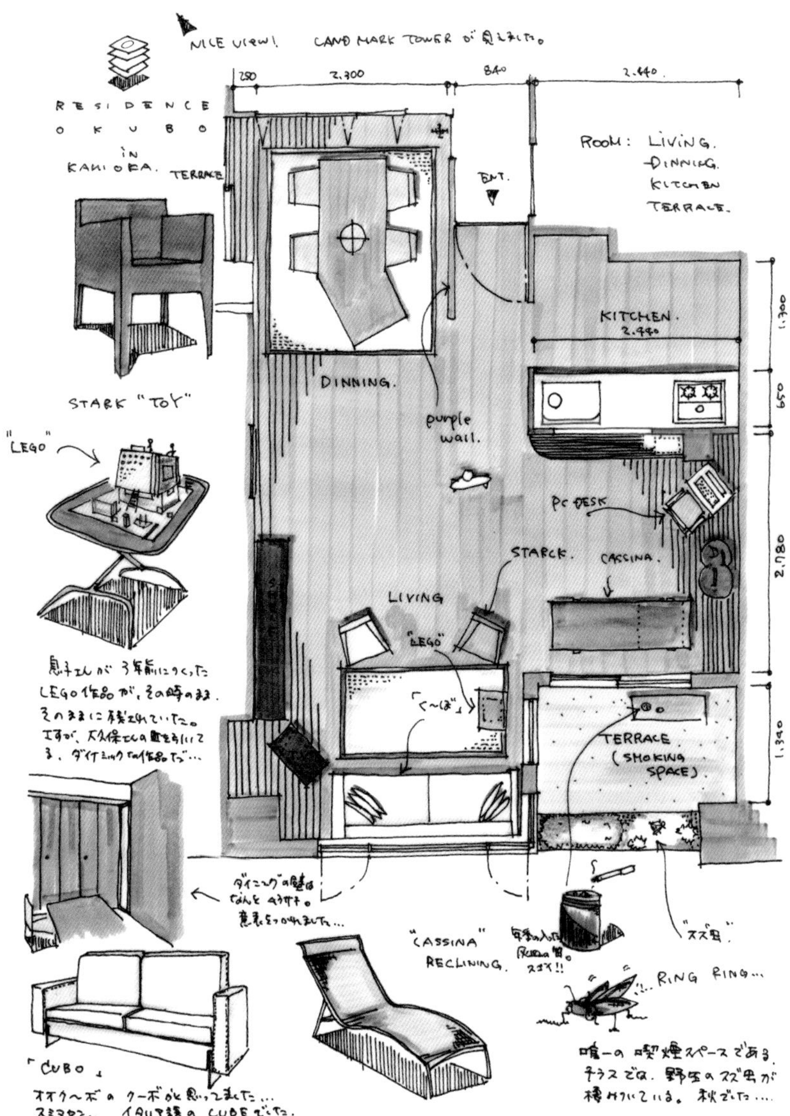
NICE VIEW!　LAND MARK TOWER が見えました。
RESIDENCE OKUBO IN KAMIOKA.
TERRACE
ROOM: LIVING. DINNING. KITCHEN TERRACE.
ENT.
KITCHEN.
DINNING.
purple wall.
PC DESK
STARCK.
CASSINA.
LIVING
"LEGO"
「く～ぼ」
TERRACE (SMOKING SPACE)
STARK "TOY"
"LEGO"
"CASSINA" RECLINING.
"スズ虫"
RING RING…
「CUBO」

DESIGNER'S CHOICE ツール編

ルームスケッチを描く定番のツールをご紹介！

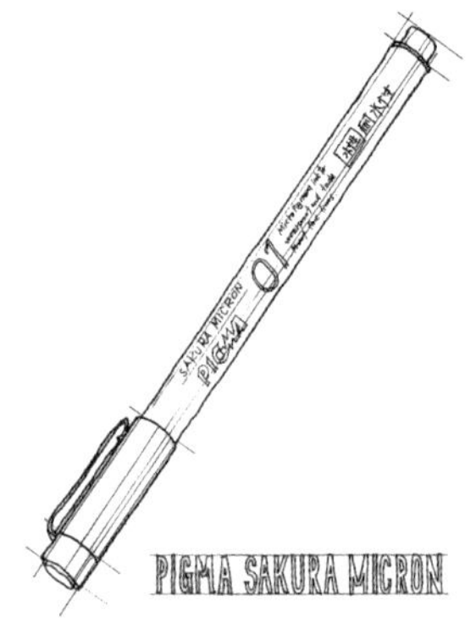

No. 1

下描きをした後の清書に最も人気だったのがドローイングペン。線厚の安定さと、0.1mm以下まで描ける繊細さが使用されるポイント。線を描いた後にコピーしてから着彩するパターンが定番の描き方です。

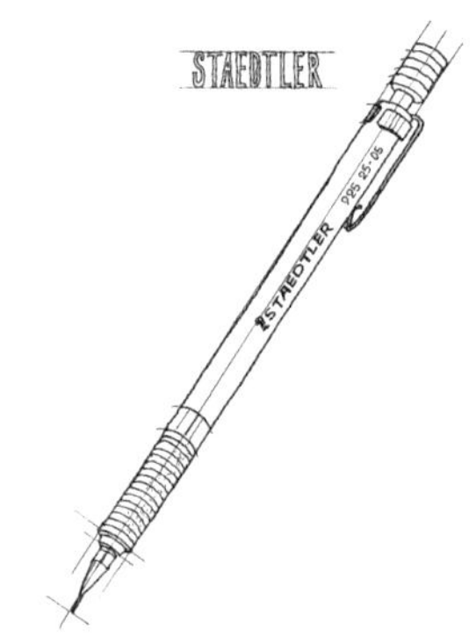

No. 2

下書きツールとして最も利用されているシャープペンシル。0.3mmから2.0mmまで理想的な太さに調整しやすく、陰影を描くこともできる万能さが魅力。「STAEDTLER」製が人気です。

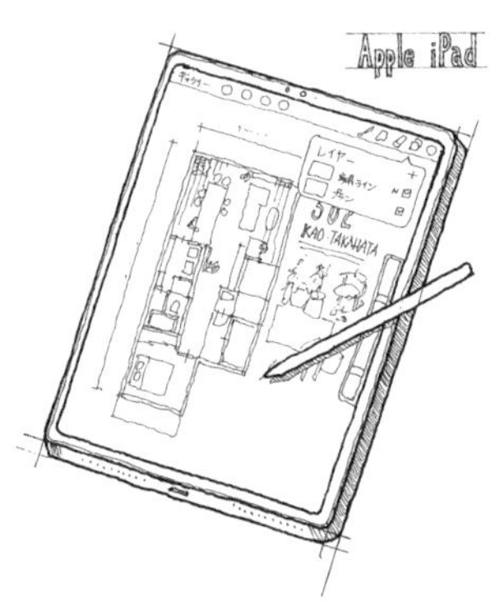

No. 3

最近台頭してきたのがiPadで描く手法。修正しやすく、着彩も簡単で、1つのツールで完結する手軽さが選ばれるポイント。デジタルツールに強い若手が特に活用している一方で、スケール感が身につかない懸念も…？アプリは「Procreate」または「Concept」を使用しています。

COLUMN

「小宇宙」を測って描く —— ご自宅訪問＆実測ドキュメント

私がこの「ROOM」というお宅訪問＆実測スケッチ企画の記念すべき1回目の特派員を仰せつかったのは今から18年前、入社1年目の時でした。緊張しながらもワクワクしてN先輩のご自宅（#32）に押しかけたことを今でも鮮明に覚えています。

「ROOM」は、住人（同僚）の人柄や趣味嗜好、夢や希望が詰め込まれた小宇宙です。その人が歩んできた人生を垣間見るような不思議な感覚になるのです。その醍醐味は特派員が実際に自宅に押しかけるところで、到着するなり、鞄からメジャーを取り出し、遠慮なく部屋の隅々を計測していきます。黙々とそのデータを方眼紙に記録していくと、ROOMの下地が粗方見えてきて、部屋の特徴や独特な空気感、フィーチャーすべきアイテムが自然と浮かび上がってきます。それらを丁寧にイラストとコメントで拾い上げればほぼ完成。あとは清書ですが、それはまたの機会とし、日が沈む頃には住人との宴が始まるのが通例です。

数あるROOMから印象的なエピソードを紹介します。「人目も憚らず堂々と奥様とのペアルックを決め込んだ住人」（#72）は恥ずかしくなるくらいのシンクロ具合で、彼のデザイナー哲学に圧倒されました。「ビストロ顔負けのフルコースディナーでもてなしてくれた住人」（#20）の穏やかで家庭的なイメージは、会社でみせるクールな印象とは真逆で、デザイナーとしての奥行に魅せられました。「暑さで意識が朦朧とした鎌倉の古民家に暮らす住人」（#51）には、自分のスタイルを実現するためのストイックな潔さを感じました。

部屋が広かろうが狭かろうが、デザインに拘っていようがいまいが、全てのROOMには必ず住人の人柄や人生、本質が現れていました。この経験によって、新人の私がNSDを愛するきっかけになったのです。

株式会社日建スペースデザイン
チーフデザイナー　山本 祥寛

おわりに

私たち日建スペースデザインのデザイナーは、空間をデザインする仕事を手掛けていますが、その発想は、「興味」や「こだわり」にもつながっています。お気に入りのものに囲まれた日々の生活から生まれる「感覚」がデザインの源になります。

体で感じたスケール感を手で測って描き出す社内報の「ROOM」企画では、訪問者が感じた住まう人のこだわりの家具やアートも間取りとあわせてイラストで表現してもらっています。我が家（#53）の「こだわり」は…。息子のくう（黒猫）と夫（彫刻家）の作品、それからSeven ChairやNychairなどの椅子たちでしょうか。スケッチ担当は、当時入社数年目の山本祥寛（現チーフデザイナー）で、他数名のNSD男子たちが遊びに来てくれました。

せっかく仲間を誘って来てくれたのだからと、自分が大好きなパクチーをたっぷり入れた生春巻を作って出したのですが、なぜかみんな、副菜のエシャロットばかり食べている。よく聞いたら、全員パクチーが苦手だったようで……。仲間でも、自分の好きと相手の好きが違うことをあらためて思い出す一幕もありました。題して「エシャロット事件」…。

ちなみに、スケッチの縮尺は50分の1に設定しています。理由は、浦さんの前書きにも記されていますが、さらに言うならば、スケッチプランを描く時に、私たちが最も体に馴染んで描けるサイズ感であり、家具のディテールもそれなりに描けるサイズだからでしょうか。滞在したホテルなどの空間を実測してプランを描くときも、50分の1ですと、ホテルに置いてあるレターパッドにだいたい収まります。もちろん、スイートルームはその限りではないですが（笑）。

さあ、あとがきまでしっかり読んでくださった皆さんは、ご自分の座っている場所から部屋をぐるりと見まわしていらっしゃるのではないでしょうか？

紙と鉛筆を用意して、ご自身の「ROOM」を描いてみませんか？

新たな発見やこだわりポイントが見えてくるかもしれません。

株式会社日建スペースデザイン
広報担当 執行役員　三沢 里彩

ROOM 特派員

石島 祥司 ―― #7, #36, #48
伊藤 愛 ―― #5, #61
伊藤 達則 ―― #10, #22
今井 充彦 ―― #3, #27
上野 信幸（元所員） ―― #23, #42, #50, #57, #69
内堀 佑紀（元所員） ―― #18, #40, #70
大橋 怜史 ―― #34, #39
奥野 由布子 ―― #35, #41, #65
小出 夏子 ―― #11
小林 健悟 ―― #44, #51, #60, #63, #71
笹岡 辰亘 ―― #19, #29
澤村 昌実 ―― #8, #15
周 婧聞 ―― #2, #26, #31, #45
庄井 早緑 ―― #52, #55
菅野 晃央 ―― #58
田中 美優 ―― #6, #37
谷 なつき ―― #4, #21, #33
張 田 ―― #67
中井 真樹 ―― #38
中院 麻央 ―― #13, #62
中村 諒 ―― #66
永合 貴之 ―― #64
西田 徹太郎 ―― #14, #49
藤井 崇司（元所員） ―― #17, #28, #54
水口 満博 ―― #43
宮尾 侑里 ―― #56
山本 祥寛 ―― #1, #16, #20, #25, #32, #46, #53, #59, #68, #72
横田 芙実子 ―― #24, #30
米澤 研二 ―― #9
渡邉 光代 ―― #12
王 笛 ―― #47

谷 なつき ―― 表紙, 扉スケッチ

※五十音順

著者

NIKKEN SPACE DESIGN

施工・物販部門を持たないデザインファームとして国内最大規模を誇るインテリアデザイナー集団。感性と技術を駆使し、付加価値が高く新たな体験をもたらす空間を生み出している。「デザイナーズプラットフォーム」として、国内はもちろん世界中のプロジェクトに携わり進化を続ける。
(2024年4月1日にNIKKEN SPACE DESIGNは日建設計と合併)

ROOM書籍化企画委員会

三沢里彩
小林健悟
周婧聞
長島明生
菅家美佳

ROOM ―― 測って描いたインテリアデザイナーの部屋72 ――

2023年12月15日　第1版第1刷発行
2024年11月30日　第1版第3刷発行

著者　NIKKEN SPACE DESIGN

発行者　井口夏実
発行所　学芸出版社
〒600-8216 京都市下京区木津屋橋通西洞院東入
tel 075-343-0811
http://www.gakugei-pub.jp/
E-mail:info@gakugei-pub.jp
編集　井口夏実

カバーデザイン　周婧聞・小林健悟
印刷・製本　シナノパブリッシングプレス

ISBN 978-4-7615-1381-8